Ex libris Bibliothecæ quam Illus-
trissimus Ecclesiæ Princeps. D.
PETRUS DANIEL HUETIUS
Episc. Abrincensis Domui Professæ
Parif. PP. foc. Jesù Integrã vivens donavit.
An. 1692.

XXIX. B

O^{2}n
33

p°

O.1661

A C

Ne extra hanc Bibliothecam efferatur.
Ex obedientiâ.

RELATION
DU
VOYAGE
DE M.ʳ EVERT ISBRAND

Envoyé de Sa Majeſté

CZARIENNE
A L'EMPEREUR
DE LA CHINE,

En 1692, 93, & 94.

Par le Sieur ADAM BRAND.

Avec une Lettre de Monſieur * * *,

Sur l'Etat Préſent de la MOSCOVIE.

A AMSTERDAM,

Chez JEAN-LOUIS DE LORME, Libraire ſur
le Rockin, à la LIBERTE'.

M. DC. XCIX.

PREFACE

L n'y a point de partie de la Géographie plus négligée que celle qui concerne l'Asie Septentrionale. Si on confronte les Cartes de tous les Auteurs qui ont précédé Monsieur Witsen, avec celle que cet Illustre Magistrat a publié le dernier sur cette partie du Monde, on sera surpris de voir une difference si notable. Dans les précédentes il ne se trouve presque qu'un grand vuide, & le peu qu'on y a marqué est la plûpart faux & chimérique. Le Public a donc une trés-grande obligation à Monsieur Witsen de ce qu'il a bien voulu se donner tant de peine, pour nous instruire d'un Païs presque inconnu auparavant, sans s'être néanmoins rebuté d'un travail si penible & si difficile, auquel il a employé prés de trente ans, & fait des frais considérables, afin de recueillir les Mémoires nécessaires, pour mettre sa Carte au point où nous la voyons aujourd'hui par une seconde Edition.

La

PREFACE.

La Relation du Voyage de Monsieur Evert Isbrand, Envoyé de sa Majesté Czarienne à l'Empereur de la Chine, que je publie, se rapporte assez au juste à cette Carte, & c'est pour cette raison que je me suis servi du même plan pour marquer la route que Monsieur l'Envoyé Isbrand a tenuë depuis Moscou jusqu'à Pekin. Quand Monsieur Witsen publiera ses Memoires, on verra encore d'autres routes qu'on peut tenir pour aller de Moscou à la Chine; mais celle que Monsieur l'Envoyé Isbrand a suivie par la Siberie, est la plus sûre, quoi que la moins directe. Les Caravanes qui y passent & repassent chaque année, de Moscou à la Chine & de la Chine à Moscou, servent beaucoup à peupler cette vaste étenduë de Païs, qui dans sa longueur, a prés de deux mille lieuës d'Allemagne, de la dépendance du Czar de Moscovie.

Pour éviter la confusion qu'auroient causé les noms des Villes, des Bourgs, des Villages, des Riviéres &c si on les avoit placez dans la petite Carte qu'on a jointe à cette Relation, on en a fait une Table particuliére, donnant à chaque endroit qu'on veut noter, un Chiffre qui se rapporte à cette Table. Outre cet usage particulier, la Table peut encore servir à faire voir, comme en racourci, le principal contenu du Livre.

RE-

RELATION
D'UN
VOYAGE DE MOSCOU
A LA CHINE.
CHAPITRE PREMIER.

*Résolution de Leurs Majestez Czariennes d'envoyer
une Ambassade à la Chine. Le Sieur Evert
Isbrand est choisi pour Envoyé. De combien de
personnes l'Ambassade étoit composée. La grandeur ou étenduë de la Russie. Ses Riviéres les
plus considerables. Bréve description de Moscou. Départ de cette Ville. Arrivée de l'Ambassade à Troitz, à Pereschlauw, à Rostof, à Je-
reschlauw, à Wologda. Remarques faites pendant cette Marche, & dans lesdites Places.*

EURS Majestez Czariennes aïant
pris la résolution d'envoïer une
Ambassade à l'Empereur de la
Chine, Elles choisirent & nomme-
rent pour leur Envoyé le Sieur *E-
vert Isbrand* Alleman, & natif de *Gluckstad.*
A   L'em-

L'emploi étoit beau & capable de satisfaire en même tems la Curiosité & l'Ambition, mais il étoit aussi extrémément penible & dangereux. Pour se rendre de *Moscou* à *Pekin*, il faloit non seulement traverser une prodigieuse étenduë de Païs, pour la plûpart, habité par des Nations barbares, mais il faloit aussi se resoudre à supporter une fatigue extrême, accompagnée des plus facheuses incommoditez, & à se voir à toute heure, pendant le cours de quelques années, exposé aux plus grands dangers. Une Route si penible à travers de vastes Deserts & des Païs glacez, coupée par des Rivieres d'un trajet extrêmement dificile, & pleine en divers endroits de très grandes Forêts d'une épaisseur affreuse, n'étonna point le Sieur Isbrand. Ce fut avec joïe qu'il reçut sa commission & aprés s'être préparé & pourvû des choses nécessaires à un si long voïage, il fut le 3. de Mars 1692. admis à l'Audience de S. M. Jean *Alexeowitz*, & le 12. du même mois à celle de Pierre *Alexeowitz*, qui ce même jour étoit de retour de *Pereschlauw*, où il étoit allé pour se divertir. Le lendemain 13. Monsieur l'Envoyé partit de Moscou avec toute sa suite, composée de vingt & une personnes, sçavoir de 12. Allemans, du nombre desquels j'étois & de 9. Moscovites. Nous avions un assez grand nombre de chariots, chargez de bagage, & de toutes les provisions nécessaires pour

un

un voïage de si long cours, & dont les chemins nous étoient inconnus. Plusieurs Moscovites & Allemans de qualité accompagnérent & conduisirent Monsieur l'Envoyé hors
de la Ville, & nous reçûmes le même honneur de nos Amis particuliers, qui en se sé-
parant de nous, nous donnérent des marques
de leur tendresse, & des vœux qu'ils faisoient
du plus profond de leur cœur pour la prospe-
rité de nôtre voïage.

J'espére que le Lecteur ne trouvera pas
mauvais, que je m'écarte un peu de mon sujet, pour lui donner une courte & legere description de la Russie; autrement nommée la
Grande Russie, ou Russie Blanche, située à
l'extrémité de l'Europe vers les Frontiéres de
l'Asie.

C'est un grand Païs fort étendu, mais desert en plusieurs Lieux, principalement du côté de l'Asie. On compte depuis la Pologne
jusques à la Tartarie Asiatique, trois cents
lieuës d'Allemagne, & autant depuis la Mer
Caspienne, jusques à la Mer Glaciale.

On y trouve quatre grands Fleuves, savoir, le *Wolga*, qui a son cours depuis les
Frontieres de Pologne jusques à la Mer Caspienne, dans laquelle il se décharge. *L'Oby*,
qui separant l'Asie d'avec l'Europe, coule du
Sud au Nord, & se rend dans la Mer Glaciale. La *Dwina*, qui se décharge dans la

A 2

Mer

Mer Blanche. Et le *Don*, prefentement ainſi nommé par les Habitans, & autre fois Tanais. Ce grand Fleuve, fort celebre en Ruſſie, prend ſa ſource dans le Païs de *Refan*, & ſortant du Lac *Jwanowiefioro*, il prend ſon cours, qui eſt fort tortueux, de l'Occident vers l'Orient par *Przecops*, ou la petite Tartarie. Aprés avoir beaucoup ſerpenté, il ſe recourbe du côté de ſa ſource, aſſez prés du Fleuve *Wolga*; & groſſi de diverſes Rivieres, il va ſe decharger au de-là de la Ville d'Aſoph, autrefois Tanais, dans le Palus Meotide. L'Europe eſt ſéparée de l'Aſie par ce grand Fleuve.

À l'égard de Moſcou Ville Capitale de la grande Ruſſie, c'eſt une Place fort celebre, non-ſeulement à cauſe de ſon ancienneté, & des rares Antiquitez qu'on y trouve, mais auſſi parce que depuis l'an 1540. auquel le *Czar* Jean *Wafilowitz*, autrement Jean Baſilides, parvint au gouvernement, elle a toûjours été le ſiége des *Czars* qui ont ſuivi, ſavoir, de *Foedor Iwanofwitz*; de *Boris Gudenouw*; de *Foedor Boriſſowitz*; du *Faux Demetrius Ivanowitz*; de *Walfili Ivanowitz Zeiski*, ou *Zuſki*; de Michel *Foederowitz*; d'*Alexi Michailowitz*, de Jean *Alexowitz*, & de Pierre *Alexowitz*, qui régne aujourd'hui.

Cette Ville, qui a trois lieües d'Allemagne de tour, eſt ſituée ſur la Riviére de Moſ-

Mofque, qui non loin de-là, fe rend dans la Riviére d'*Occa*, & en fuite dans le *Wolga*. On tient qu'elle eft le centre de la Ruffie, de forte que les Habitans comptent de cette Ville Capitale jufques aux frontiéres de tous côtez, cent vingt lieuës.

Elle renferme un grand & magnifique chateau nommé Cremelin, fejour ordinaire des Czars. Ce Château eft non-feulement bien fortifié, mais il eft auffi pourvû de gros canons & autres piéces d'artillerie, pour fervir à fa défenfe.

Mofcou a fon Patriarche, qui dans l'Empire des Mofcovites tient un rang égal à celui que le Pape occupe à Rome. Cependant pour l'avancement du commerce, on a accordé aux Lutheriens, qui s'y trouvent en grand nombre, de même qu'aux Reformez, le libre exercice de leur Religion. Les premiers ont, à la *Slobode* Allemande, deux belles Eglifes baties de pierres; & les autres une, auffi fort belle.

A l'égard des Catoliques Romains, que les Mofcovites ne voient pas de bon œil, non plus que les Juifs, ils ne peuvent faire leur devotion que dans une Maifon, qu'ils ont achetée, néanmoins cela ne leur a été accordé qu'à condition qu'aucun Jefuite ne viendra s'établir dans le Roïaume, ni y dire la Meffe, auquel cas s'il y étoit attrappé, il feroit fur le champ banni du Païs, comme cela arriva il y a quelques années à un Jesuite, qui avoit eu la hardiesse de le faire. Il faut remarquer ici que le Czar Pierre *Alexowitz* aujourd'hui régnant, Prince d'une bonté achevée, a fait présent aux Luteriens des Pierres, dont leur Eglise neuve est batie, leur aïant aussi permis d'y élever un Clocher; ce que le Patriarche n'auroit jamais voulu accorder.

Pour revenir à nôtre voiage, nous arrivames le lendemain de nôtre départ 14. du mois de Mars, à *Troïtz*. C'est une Ville fort agréable, tant à cause de sa situation que pour la bonté du Païs. Nous y trouvames un riche Cloitre trés bien fortifié, que l'on decouvre de loin, & qui dans son éloignement fait un trés bel objet. Cette Place est éloignée de Moscou de 12. lieuës d'Allemagne.

Au reste c'est un lieu, où le Czar Pierre *Alexowitz* trouve tant de plaisir, qu'il ne se passe presque point de semaine, qu'il ne s'y rende pour s'y divertir. Aprés y avoir vû tout ce qu'il y a de plus curieux, & rafraichi un peu nos chevaux, nous nous remimes en chemin, & arrivâmes le 16. à *Pereschlauw*, Ville d'une beauté mediocre, mais néanmoins grande & remplie de magnifiques maisons de bois; Elle est située sur un beau Lac, à 12. lieuës d'Allemagne du Cloitre de *Troïtz*. Non loin de-là on trouve une eau dormante, d'où l'on l'on tire de fort bon fel, qui fe tranfporte en divers endroits pour y être vendu.

De cette Place nous nous rendimes à la Ville de *Roftof*, capitale de tout le Duché de ce nom, qui autrefois étoit au nombre des plus confiderables & des plus anciennes Provinces de toute la Ruffie, excepté *Grand-Naugard*. Dans la fuite il devint, par une faveur particuliere, l'apanage des Princes Czars qui n'étoient point parvenus au Gouvernement; mais comme leurs fucceffeurs, & fur tout le dernier Heritier, furent en l'année 1565. non-feulement dépouillez de cette Province, mais auffi miferablement & injuftement exterminez par le Tiran Jean *Bafilowitz*; de forte que la Race en fut entierement éteinte, ce Duché de *Roftof* eft retourné en la puiffance des Czars, & ils le poffedent encore aujourd'hui.

Pour ce qui eft de *Roftof*, Ville capitale de cette Province, c'eft un lieu, qui non-feulement a belle aparence, & une grande étenduë, mais de plus il y a un château, qui n'eft bati que de bois. Il eft fitué fur un Lac, d'où la Riviére de *Cotorus*, ou fuivant quelques uns *Coterea*, qui fe decharge dans le *Wolga*, tire fa fource. Cette Ville à fon Evêque qui fait fa demeure au château; el-

le

le eſt éloignée de *Pereſchlauw* de 60. *Werſ-te*, ou douze lieuës d'Allemagne.

Comme Monſieur l'Envoïé étoit dans le deſſein d'achever promtement le chemin qui nous reſtoit à faire en traineaux, & qui étoit fort avancé, nous ne pumes faire un long ſejour à *Roſtof*, ſi bien que pourſuivant nôtre route & changeant de chevaux en divers lieux, nous arrivames le 18. du mois de Mars à *Jereſchlauw*.

Cette Place, que d'autres écrivent *Jeroſlauw*, & *Jaroſlauw*, néanmoins diferente d'un autre *Jaroſlauw*, ſitué au Sud du Roïaume de Pologne, & à l'Oüeſt de la Ruſſie noire, ſur la petite Riviere de *San*, qui ſe rend prés de *Sandomirs* dans la Riviere de *Weixel*, eſt la capitale de toute la Province, & une des plus grandes Villes de toute la Ruſſie, ſituée ſur la Riviére de *Wolga*, à peu prés au Nord-eſt de la Ville de Moſcou, & environ à une diſtance égale de *Wologda* & *Pereſchlauw*.

Il ſe fait dans cette Ville un fort grand negoce principalement de cuirs de Moſcovie, qui s'y preparent en ſi prodigieuſe quantité, que non-ſeulementnt toute la Ruſſie en eſt fournie, mais auſſi pluſieurs autres Païs de l'Europe.

A l'égard de la Province de *Jereſchlauw*, qui a le titre de Duché, c'eſt un Païs de
gran-

grande étendue & trés fertile, fur tout le long de la Riviére de *Wolga*.

Cette Province de même que celle de Roſtof, avoit été donnée à des Princes Moſcovites, qui ne régnoient point comme Czars, & leurs deſcendans la poſſederent quelque tems, de forte que c'étoit comme une Province ſeparée, qui avoit ſon ſouverain particulier ; Mais le Monarque Jean *Baſilowitz* ayant reduit ces Princes ſous le joug, il les depouilla de ce Duché, ne leur laiſſant par grace que quelques petits revenus, ce qui fait qu'ils ſe nomment *Knez*, ou Ducs de *Jereſchlauw*.

Nous demeurames le 19 dans cette Ville, en partie pour attendre nôtre bagage, qui étóit demeuré derriére, & en partie pour nous repoſer, mais le lendemain 20. nous nous remimes en chemin & arrivames ſur le midi à *Wologda*, Ville ſituée prés de la Riviére de *Wolga* à 36. lieuës d'Allemagne de *Jereſchlauw*.

De Moſcou juſques à *Wologda* le Païs eſt par tout fertile & bien peuplé, auſſi nous remarquâmes que dans tous les lieux de nôtre route, on comptoit dix à quinze Villages. cette derniere Ville eſt la capitale de la Province, qui eſt un Païs fort marécageux, & ſi rempli de bois & de foreſts, que les Perſon-

nes,

nes, qui voïagent & les Caravanes, bien souvent ne sçauroient passer.

Elle étoit autrefois sous la Jurisdiction de *Grand-Naugard*, mais aujourd'hui elle appartient aux Moscovites. Car dans la Paix qui se fit l'an 1613. entre le Roi de Suéde, & le Grand Duc de Moscovie, les Suédois furent obligez de ceder *Grand-Naugard* aux Moscovites, & de cette maniere *Wologda* tomba aussi en la Puissance de ces derniers.

La Ville de *Wologda* qui est fort grande, a un château si bien fortifié par le travail des Russes, que pour l'épaisseur de ses murs & remparts de pierres, il paroit presque imprenable. Elle est entourée de la Riviére de *Wolga*, qui coule de l'Oüest au Nord, & se joient ensuite à la *Dwina*. C'est de cette Riviére de *Wolga* que la Ville a tiré son nom, de même que la Province, qui est située à l'Oüest de la Moscovie, ayant le Lac *d'Onega* à l'Orient, & la *Dwina* à l'Occident.

CHAPITRE II.

Une forte gelée, qui survient, cause de la joïe aux voïageurs. Pourquoi? Depart de Wologda. L'Ambassade trouve sur sa route

Scus-

Scuskajam, *la Ville de* Totma, *le Vilage
d'*Usgorodifchna, *celui de* Bobrofskajam,
Uftuga *Ville capitale de la Province de ce
nom. Defcription de la Ville. La petite Ville de* Lolowitzgotz. Archangel, *Epou-
vantable forêt de la longueur de* 160. *lieuës
d'Allemagne. Nation nommée* Syrenes.
*De quelle maniere les Ruffes celebrent les fê-
tes de Pâques. Miferable trajet par ladite
foreft. De quels moïens on fe fervit pour
paffer les Riviéres. La Ville de* Raigerod.
*Avanture remarquable. Voïage fur le Fleuve
de* Kama, *Defcription de ce Fleuve. La
Ville de* Solokamsko, *les Habitans. Salines.
Malheur arrivé fur l'eau. Feftin des Ruffes. Gelée & neige. Voïage dangereux fur l'eau. La
petite Ville de* Niefna-Sufowa.

L E 21 de Mars, il commença heureufement pour nous, à geler d'une fi grande force, que pendant cinq jours le froid
fut extremement âpre, fans qu'on s'apperçut
du moindre adouciffement. Nous en eumes
beaucoup de joïe, parce que fi cette gelée
ne fut furvenuë, nous n'aurions pû pourfuivre
nôtre chemin, qui ne fe pouvoit faire qu'en
traineaux, & par confequent nous aurions été
obligez d'attendre une autre faifon, ce qui
auroit retardé nôtre Voïage de plus de fix
mois.

Le

Le 22. nous nous preparames à continuer nôtre route, & aprés nous être pourveus de toute les choses necessaires, nous partimes, & arrivames le 23. à *Scuscaiam*, où nous relayames de chevaux. Dés que nous eumes diné nous nous mimes sur la Riviére de *Wergnosuchuno*, qui étoit toute glacée, & ce nous fut un agréable rafraichissement, aprés avoir fait par terre un voiage penible & ennuyeux.

Le 24, nous nous rendimes à une petite Ville nommée *Tottma*, où un nouveau relais nous attendoit. Comme il n'y avoit rien-là de considerable à voir, nous en partimes le même jour, dans le dessein d'aller coucher le jour suivant 25. au vilage *d'Usgorodischna*; mais comme nous pouvions y prendre des chevaux fraix, & qu'il nous importoit beaucoup d'avancer toûjours pour gagner le tems, aprés y être arrivez nous nous remimes dés le soir même sur la glace, & le lendemain 26. nous nous trouvames vers le soir au Village de *Bobrofskijam*, où ayant pris, sans nous arreter, un relais, nous poursuivimes nôtre route, & arrivames le jour de Pâques 27. à la Ville capitale de la Province *d'Ustuga*.

Nous y demeurames tout ce jour-là, & la nuit suivante, pour nous rafraichir & délasser des fatigues que nous avions soufertes, & qui nous avoient presque rendus malades. A

peine

peine étions-nous un peu retablis, que le Gouverneur de la Place envoïa quelques uns de ses gens pour s'informer de la santé de Monsieur l'Envoyé, & pour lui ofrir ses services & son assistance en tout ce qui pouvoit dépendre de lui. Ses offres furent acceptées, & nous fumes pourvûs de toutes les choses necessaires pour la continuation de nôtre Voïage.

Mais pour dire un mot d'*Ustuga*, Ville capitale de la Province de ce nom, située de même que son château, qui est magnifique, sur la Riviére de *Suchana*, elle est fort bien batie & trés peuplée. Son commerce consiste en toutes sortes de fourures.

Jusques - là, nous avions continuellement voyagé sur la Riviére de *Wergnosuchuno*, & bien que la glace, à cause de l'eté qui s'approchoit, eût diminué, de sorte qu'elle avoit fort peu d'épaisseur, ce qui nous mit dans un extreme danger, nous nous en tirames néanmoins, graces à Dieu, fort heureusement. Il faut remarquer ici que nous fimes sur cette Riviére tout le chemin depuis *Scu.k.niam* jusques à *Ustuga*. Les Marchands Moscovites, qui pour leur negoce vont à *Archangel* sur le *Wologda*, traversent aussi la Riviére de *Wergnosuchulno*.

Comme nous reçumes des chevaux tout frais, nous fimes diligence & arrivames le 29.

à

à une petite Ville nommée *Lolowitzgotz*, & située sur la Riviére de *Wietzegda*, qui se decharche dans la *Dwina*. On peut se rendre sur cette Riviére en 6. ou 7. nuits de *Lolowitzgotz* à *Archangel*, & c'est ce qui fait que cette derniere Place est fort frequentée.

Comme il n'y a rien de remarquable à *Lolowitzgotz*, & que nous y trouvames d'abord un relais, nous ne nous y arrêtames pas. Nous fimes encore ce même jour cinquante *Werstes* ou dix lieuës d'Allemagne de chemin, & arrivames à une grande & épaisse forêt, de la longueur de plus de 800. Werstes, ou 160. lieuës d'Allemagne, dont la plus grande partie est habitée. On y trouve de certains Peuples, nommez *Syrenes*, qui vivent dans des Bourgs, & dans des Vilages. Par tout nous les trouvames dans la joïe, au sujet de la Resurrection de Christ, Fête, qu'ils celebrent avec des rejouïssances toutes particulieres. Dans tous les lieux où nous passames, les femmes nous ofrirent des œufs rouges.

C'est dans toute la Russie une ancienne coûtume, extremement reverée par ces Peuples, d'avoir en ce temps-là des œufs rouges. Tout le monde généralement, les personnes de qualité, & le commun peuple, les jeunes gens & les vieillards, font gloire d'en porter, non-seulement le jour de Pâques, mais pendant quinze jour aprés. Dans toutes les ruës, on ön trouve une infinité d'hommes & de femmes qui vendent de ces œufs cuits & teints en rouge.

Celui qui diſtribue, ou ofre de ces œufs à un autre, eſt obligé de lui donner en même tems un baiſer, & perſonne, de quelque ſexe & qualité qu'il ſoit, n'oſe refuſer ni l'œuf ni le baiſer qu'on lui preſente. Lors qu'une Perſonne en rencontre une autre dans les ruës ou ailleurs, elle la ſalue & lui donne un baiſer ſur les levres, en prononçant ces paroles en leur Langue, *Chriſtos wos Chreſt*, c'eſt à dire, *Chriſt eſt reſſuſcité*, à quoi celui, ou celle qu'on ſalue de cette maniére, repond *Wo iſtono wos Chreſt*, ce qui ſignifie, *Il eſt veritablement reſſuſcité*.

Quand un Ruſſe vous fait l'honneur de vous inviter à manger chez lui, Il ne faut pas manquer de baiſer les femmes, qui ſe trouvent préſentes, autrement il le prendroit non-ſeulement pour une incivilité groſſiére, mais auſſi pour une marque du dernier mépris. Pourvû qu'on obſerve exactement cette coûtume, celui qui vous invite, s'éforce à vous faire bonne chere, & pour marque de ſa reconnoiſſance, il vous régale à la fin du repas d'une grande taſſe d'eau de vie, qu'il ne vous donneroit pas autrement. Cependant il faut remarquer, que quand on baiſe une femme, il n'eſt

pas

pas permis de là toucher, on doit alors se mettre les mains sur les côtez.

Pour revenir à nôtre marche, nous la continuames par la forêt, dont nous venons de parler, mais ce ne fut pas sans apprehension, ni sans une peine extreme, car pour nous faire passage, nous étions presque toûjours occupez à couper des arbres, & à nous fraïer ainsi un chemin par des hauteurs, qu'il faloit continuellement monter & descendre. Pour le dire en un mot le passage de cette forêt, fut pour nous un veritable martire. Il est bien vrai que nous nous mimes sur diverses Riviéres, savoir sur celles de *Siesella*, *Chasim*, & *Natcimperis*, mais nous y courumes de nouveaux dangers, & sur la derniere de ces Riviéres, nos traineaux enfoncerent tellement dans la glace, que la plûpart de nos gens se virent plongez dans l'eau. On les en tira, & Dieu nous fit la grace de nous sauver de ce peril, de même que de ceux que nous avions courus auparavant.

Outre tous ces facheux obstacles, nous en trouvames d'autres dans la forêt aussi dificiles à surmonter. C'estoient de profonds & dangereux Ruisseaux, ou Riviéres, que nous rencontrions assez frequemment sur nôtre route, dans le tems que nous y pensions le moins, & lors que nous nous imaginons n'a-

voir

voir plus que des terres faciles à traverser.
Comme nous ne pouvions pas en éviter le
paſſage, il falut s'y réſoudre, & par conſé-
quent à un travail extrêmement penible.

Le moïen dont nous nous ſervîmes pour
cela, fut de joindre enſemble de groſſes piéces de bois, ou des arbres, que nous jet-
tions, comme un Pont de bateaux ſur la Riviére que nous avions à traverſer. Les traineaux étoient en ſuite tirez là-deſſus avec
des cordes, & les chevaux qu'on en avoit
détachez, conduits avec beaucoup de pré-
caution, tandis que les perſonnes ſuivoient
à pié. Paſſer ainſi des Riviéres, étoit une
choſe extrêmement difficile & dangéreuſe,
néanmoins, par la grace de Dieu, il ne nous
arriva aucun accident, & nous ne fîmes aucune perte.

Comme la fatigue d'un Voïage ſi penible,
nous avoit entiérement abatus, nous fûmes
obligez de nous repoſer quelque-temps pour
nous rétablir. Aprés avoir repris nos forces, nous pourſuivîmes nôtre chemin, & le
6. d'Avril nous arrivâmes heureuſement à
Kaigerod, Ville ſituée ſur la Riviére de *Ka-*
ma, & pourvûë d'une forte Garniſon.

Le Gouverneur qui y réſide, a des Ordres trés-exprez de ſa Majeſté Czarienne,
pour la conſervation de cette Place, parce
que les *Syrianes*, qui l'habitent, eſt un Peu-

B   ple

ple, auquel on ne peut pas entiérement se fier, & que de plus elle est souvent attaquée par des voleurs, que la témérité porte à tout entreprendre.

Le *Waiwode*, Monsieur Jean *Mikietiwitz-Lopugin*, qui étoit alors Gouverneur de cette Place, nous raconta, qu'en la premiére année de son Gouvernement, qui fut en 1690. trente de ces Voleurs formérent le dessein de la surprendre. Aprés avoir préparé toutes choses pour cette entreprise, ils abordérent *Kaigorod*, la nuit, & lors qu'on y pensoit le moins, sur une seule Barque, mais grosse, & pourvûë de gros canons, de mousquets, de piques, de sabres, & d'autres instruments de guerre. Il est bon d'avertir ici le Lecteur, que ces sortes de gens ont une propre Langue, toute diférente de celle des Russes, bien que les uns & les autres soient d'une même Religion.

Ces Voleurs ne trouvant aucune resistance, parce que chacun étoit au lit plongé dans un profond sommeil, pénétrérent jusques au milieu de la Ville, massacrérent tous les Habitans qu'ils rencontrérent, enlevérent les effets, & violérent les femmes autant qu'il fut en leur pouvoir. Il s'en falut peu, qu'ils n'enlevassent aussi le Gouverneur Jean *Mikietiwitz*. Mais celui-ci aïant enfin fait assembler quelques Troupes, ces canailles pri-

prirent la fuite, avec tout leur butin qu'ils emportérent. On les pourfuivit fur l'eau, mais on ne pût jamais les joindre, tant ils aportent de promptitude dans leurs rétraites.

Comme nous ne pouvions plus avancer avec les traineaux, nous fûmes contraints de nous arrêter à *Kaigorod*, jufques à ce que les glaces fuffent fonduës ; Cependant nous prenions le divertiffement de la chaffe, & d'autres récréations, autant que le temps & nos propres affaires nous le pouvoient permettre. Mais peu aprés nôtre arrivée, il fe repandit un grand bruit qu'une nombreufe troupe de Voleurs, s'étoit affemblée dans le deffein de nous attaquer & de nous enlever tous nos effets. Cette nouvelle nous jetta dans de grandes inquiétudes par la crainte du danger, auquel nous nous croyons expofez, ce qui interrompit pendant quelque tems nos divertiffements. Nous les reprimes néanmoins dés que le Gouverneur nous eut promis une forte efcorte, qui devoit nous foutenir & nous prêter fecours, lors que l'occafion s'en prefenteroit. Comme nous remarquames dans le même-tems que les glaces alloient être fonduës, nous fimes inceffamment preparer un batiment neuf, & aprés avoir pris congé du Gouverneur, nous nous embar-

qua-

quames le 2 d'Avril avec un bon vent, &
poursuivimes nôtre voyage sur la grande Riviére de *Kama*, le long de laquelle nous
découvrimes quelques Cloîtres & peu de Villages.

Ce Fleuve vient du Nord-est, & va se
rendre à main gauche, derriére *Casan*, dans
le *Wolga*. Il est plus large que le *Weser* en
Allemagne, & son court est fort rapide.
Plusieurs petites Riviéres viennent y mêler
leurs Eaux, & particuliérement celle de *Wie-
setzka*, qui s'y décharge à environ cinq
lieuës de *Solokamsko*, & qui vient de la
nouvelle *Zemble*; prenant son cours en des-
cendant.

Le 26. du même mois, nous quitâmes
sur le soir le Fleuve *Kama*, & entrâmes à
main gauche dans un autre Fleuve étroit,
mais aussi fort rapide, nommé *Usolsko*.
Nous n'avions de-là, jusques à *Solokamsko*,
que 7. *Werstes*, qui ne font pas tout à fait
une lieuë & demie d'Allemagne, mais comme nous étions obligez de remonter la Riviére, nous fimes tirer nôtre bateau contre
le fil de l'eau, & de cette maniére nous arrivâmes le 27. dans ladite Ville de *Solokamsko*, située sur la Riviére *d'Usolsko*, dans un
fort beau Païs. Ce sont les Moscovites qui
l'ont bâtie pour la commodité des Voyageurs;

geurs, qui peuvent agréablement s'y rafraichir.

Les Habitans de cette Ville qui sont en
partie Russes, & en partie Tartares, font
négoce de toutes sortes d'animaux, mais
particuliérement de chevaux, qui viennent
parfaitement bien en ce Païs-là, & en si
grands nombre, qu'en quelque Lieu de la
Russie qu'on aille, on y trouve des chevaux
de *Solckamsko*.

Les belles Salines, qui consistent en 80.
chaudieres, & plusieurs autres choses, qui
ne se trouvent pas communément ailleurs,
rendent cette Ville célebre jusques aux Lieux
les plus éloignez, à quoi les Villages voisins
ne contribuent pas peu. Car comme les
Habitans ne s'entretiennent que du travail
des Salines, c'est-là qu'on trouve le meilleur & le plus beau sel, qui se négocie
dans les Païs étrangers, & sur tout à *Casan*.

Le 29. il nous arriva un grand malheur
sur l'eau. Un des Valets de Monsieur
l'Envoyé, nommé Simon *Collaction*, étant
yvre, quoi que d'ailleurs il fut honnête &
d'un bon naturel, se laissa tomber dans la
Riviére, & s'y noya. Ses Compagnons
firent leur possible pour le sauver, mais tous
leurs éforts furent inutiles, à cause de la rapidité de l'Eau qui ne permettoit pas d'apro-

cher de ce malheureux, sans courir risque de se perdre. Etant donc contraints de l'abandonner, nous le recommandâmes à la Misericorde de Dieu & poursuivimes nôtre Voyage: Son Corps fut retrouvé le premier de Mai & en suite enterré.

Le 2. de ce même mois un *Goost* de Moscou, nommé *Alexe Astraffi Philatof*, fit l'honneur à Monsr. l'Envoyé de l'inviter avec toute sa suite à un grand festin, qu'il lui avoit preparé à sa maison de campagne, située à 20. *Werstes* ou 4. lieües d'Allemagne de *Solik*. Nous y parumes avec beaucoup de gayeté, & chacun, pour repondre à la civilité du *Goost*, s'efforça de mettre au jour toute sa belle humeur, ce qui lui fit un singulier plaisir.

Sa Majesté Cezarienne a en ce lieu-là plusieurs salines, auxquelles on emploie plus de vint mille ouvriers, qui sont gagez & entretenus, afin que le sel soit fait & conservé avec plus de soin.

Le Goost dont nous venons de parler, avoit fait preparer deux gros batimens, chacun de 800. lests, dont il difera le départ jusques à nôtre arrivée. Nous vimes de combien d'hommes ils étoient montés, & l'ordre & la discipline qu'on y observoit.

Chacun de ses batimens avoit sur son bord, cinq cents ouvriers, qui avoient leur tems

mar-

marqué pour travailler , de sorte que quand
ils se relevoient les uns les autres , ceux qui
sortoient du travail , ailloient se reposer. Et
par-là on pouvoit facilement remarquer avec
quelle docilité, ils obéïssent à leur Souverain.
Lors qu'une bande de ces ouvriers se trouvoit lasse & fatiguée à force de ramer,
une autre bande venoit occuper sa place,
& celle-ci étoit encore relevée par une autre,
de sorte que continuant ainsi de cette maniere, ils pouvoient en peu de tems, se rendre
dans des païs fort éloignez.

Ces batimens n'étoient chargez que de sel,
que l'on transportoit à *Casan*. A l'egard de
la dépense qu'il faut faire pour ce sel, le *Pude*, c'est-à-dire, le poids de quarante livres,
ne revient au *Goost*, qu'à un demi *Copeck*,
au lieu qu'à *Casan* il ne se vend pas à moins
de 12. ou 13. *Copecks*, ce qui est un profit
trés considerable.

La nuit du 3. au 4. il tomba une grande
quantité de neige, & la gelée fut aussi forte
qu'au cœur de l'hyver. Cela nous causa une
grande inquiétude, & d'autant plus que cette gelée dura jusques au 6.

Nous avions demeuré-là, dix sept jours,
pendant lesquels nous reprimes nôtre premiére vigueur par de bons rafraichissemens,
lors que nous songeames à nôtre départ ;
mais comme l'eau se repandoit de plus en

plus fur les terres du Païs, nous ne pouvions pas continuer nôtre voïage fur des traineaux, ce que nous aurions pourtant bien voulu faire, pour voir la Ville de *Wergotur*, Havre de la Siberie, & dont le Gouverneur eft Ruffe. On nous dit cependant que c'eft une petite Ville, de laquelle les maifons font peu élevées.

Nous fumes donc obligez de pourfuivre nôtre Voïage par Eau, & nous le fimes éfectivement le 14. fur cinq petites barques dans chacune dequelles il y avoit cinq rameurs, pour nous conduire à *Utkogorod*; mais un vent impetueux & entiérement contraire, nous aiant pouffés vers le bas de la Riviére *d'U-folika*, nous nous trouvames une feconde fois fur celle de *Kama*.

On compte de *Solokamsko* à *Wergotur*, cinquante lieuës de chemin.

Le 16. nous nous rendimes fur une petite & étroite Riviére, nommée *Sufowa*, on compte de *Solokamsko* jufqu'à cette petite Riviére, trente lieuës, & quarante de cette même Riviére à *Utko*.

Nous y courumes un grand rifque, & eumes lieu d'aprehender qu'il ne nous y arriva quelque malheur; parce-que cette Riviére étant fujete à fe deborder en certains tems, cela fe fit juftement comme nous étions deffus. Non-feulement l'inon-

da-

dation fut grande, mais aussi tout le Païs fut couvert d'Eau, tellement que nos barques se trouverent sur le sommet des arbres, ce qui nous causa une terrible épouvante, aussi étions-nous dans un peril extreme, attendu que si l'Eau se fut écoulée subitement, nous étions tous perdus.

Nous échapames néanmoins ce danger, & arrivames le 19. à une petite Ville nommée *Niesnasusowa*, où nous nous mimes à terre, & le lendemain 20. nous nous rendimes à une autre petite Ville.

Nous trouvames dans ces deux Places plusieurs Salines, dont le Peuple subsiste. Ce fut-là que nôtre Voyage commença à être trés divertissant. Des bocages épais & delicieux, dont la fraicheur est admirable de même que de belles & agréables Collines toutes de Craye & d'Alebastre, regnent continuellement le long de la Riviére, de sorte qu'on ne peut rien voir de plus charmant.

                    CHA-

CHAPITRE III.

L'Arbre d'Aloüette, qui se trouve dans les Bo-
cages, dont on a parlé à la fin du II. Cha-
pitre. Ses qualitez singuliéres dans la Me-
decine. Les Wogultzoi, Peuple Payen, &
fort superstitieux, leur Taille, leur Religion.
Autres Remarques sur ce Peuple. Ils ne
mangent pas de Poulets. Les Cérémonies é-
tranges, qu'ils pratiquent dans les Maria-
ges, leurs Nôces. Plaisantes Coûtumes à
l'égard des Femmes en couche. Maniére de
vivre de ce Peuple dans le ménage. Rivié-
res. Le Village d'Utkogorod. Voiage par
eau pénible & dangéreux. Cruel tourment,
causé par les Moucherons. Païs déserts. Le
Bourg d'Ajat-Romaschova. Terroir fertile,
& bon raport de blé. Beaux Villages. Di-
verses autres choses remarquables.

Dans les Bocages, dont nous avons
parlé, on trouve un Arbre particulier
& remarquable, nommé l'Arbre d'Aloüette,
qui ressemble au Sapin. Il porte un gros
bouton blanc, & l'on s'en sert dans la Me-
dicine, à cause de ses qualitez pénétrantes,

&

& fort fouveraines. Ce Remede eft tranfporté par Archangel en Allemagne ; & les Medecins & Apoticaires le nomment *Agaric.*

Le 25. du mois de Mai nous paffames divers vilages dans l'un defquels nous couchames.

Aprés avoir pris un peu de rafraichiffement, nous tachames à nous inftruire de la commodité, des maniéres & des mœurs des Habitans. Ils fe nomment *Wogultzoi*, Nation Païenne & extrêmement fuperftitieufe , foumife néanmoins au Monarque des Ruffes, auquel elle paye un tribut annuel.

Ils font d'une petite Stature, comme de gens dont le corps eft au deffous de fa hauteur naturelle. Ils parlent une langue qui leur eft particuliére, mais qui néanmoins n'eft pas fort diferente de celle des Tartares. Leurs maifons font auffi baties comme celles des Tartares, excepté qu'elles ont des cheminées.

Lors que nous les interrogeames fur leur croyance, & fur la conduite de leur vie, ils nous firent reponfe qu'il étoient perfuadez qu'il y a un Créateur au Ciel, auquel ils rendent le dernier hommage. Cependant ils fe profternent devant le Ciel , ils addreffent leurs priéres au Soleil, à la Lune & à l'Eau, ils leur font des offrandes de chevaux, de

vaches

vaches & de veaux; non pas de la chair, mais feulement des peaux, qu'ils pendent dans les Bois aux Lieux les plus élevez, & c'eft en cela que confifte leur pretendue dévotion. A l'égard de la Chair, ils la mangent, dans des repas où la joye régnent parmi-eux.

Quand nous leur parlames du Batéme, ils ne fçurent que nous repondre, comme leur étant une chofe inconnue, ce qui nous fit affez connoître dans quel aveuglement le Paganifme les a plongez. Ils nous dirent au fujet des noms que l'on donne à ceux qui viennent de naitre, que c'étoit une coutûme dés long tems établie parmi-eux, de donner à chacun de leurs enfans, le nom du plus ancien habitant de leur vilage.

Lors que quelqu'un meurt parmi-eux, ils aportent tous leurs foins à l'habiller, le plus magnifiquement qu'il leur eft poffible, aprés quoi, ils le portent en terre avec tous les ornemens dont il eft ajufté. La raifon de cela, eft, qu'ils font fortement perfuadez que chacun doit reffufciter dans le même habillement, avec lequel il a été enterré. Ils tiennent pour certain qu'ils reffufciteront un jour; mais quand on leur demande en quel Lieu ils doivent donc aller, c'eft une chofe qu'ils ignorent, & dont ils ne pûrent nous inftruire.

Dans

Dans toute la Ruſſie, il y a des temps marquez, auſquels le Jeûne doit être obſervé, mais parmi ce Peuple, on ne ſçait ce que c'eſt que l'abſtinence ; nous remarquâmes ſeulement qu'ils ne mangent point de poulets, mais qu'ils aiment beaucoup les œufs.

Leurs Cérémonies à l'égard du Mariage ſont tout-à-fait étranges. J'en ferai ici une courte deſcription pour la ſatisfaction du Lecteur.

Lors que quelqu'un d'eux a formé le deſſein de prendre une femme, il en parle au Pere de la Fille, qui ne la lui accorde pas ſur le champ ; mais il lui demande auparavant s'il a de l'argent à donner pour l'Epouſe qu'il déſire. Sur quoi celui qui fait la recherche, s'il veut avoir celle qu'il aime, doit compter au Pere 40. ou 50. *Rubels*. Le *Rubel* parmi les Moſcovites eſt de la valeur d'un Ducat. C'eſt de cette maniére que ſe fait l'accord.

Que ſi celui qui veut ſe marier n'a pas tant de *Rubels* à donner, ou qu'il ne puiſſe trouver à les emprunter, il eſt obligé de ſe paſſer de femme, juſques à ce qu'il ait amaſſé cette ſomme. Mais ſi au contraire il peut d'abord compter à ſon beau Pere les *Rubels*, dont ils ſont convenus, il obtient auſſi-tôt ſa Maitreſſe ſans aucun delai. Il eſt néanmoins permis à l'Epoux, qui à a promis la ſomme, d'aller faire l'amour à ſa Maitreſſe & d'en joüir, en attendant qu'il ait trouvé l'argent pour payer ; mais lors qu'il a ſatisfait, on la lui donne entiérement, & le Pere & la Mere la conduiſent & la livrent maſquée, dans un logement ſeparé.

Aprés cela les Parens ſe rendent, ſuivant leur coûtume, au Feſtin des Nôces, où ils mangent, boivent, chantent & danſent toute la nuit, qu'ils paſſent ainſi dans la joïe & la débauche juſques au jour. Alors on apporte les préſens, & chacun ſe retire en ſuite ſi ſaoul, qu'il n'a plus l'uſage de la raiſon.

A l'égard des Femmes groſſes, les Habitans nous racontérent, que lors que le tems d'accoucher approche, elles ſe retirent dans un bois particulier, où elles demeurent pendant deux mois, au bout deſquels, lors qu'elles ſont rétablies, & qu'elles ont repris leurs forces, elles peuvent retourner vers leurs Maris.

Pendant tout le temps que la femme eſt ſeparée de ſon Mari, il n'oſe l'aller trouver, ſur peine de la vie. Ils diſent, que dans ce bois, il ſe trouve de certains hommes inviſibles, qui non-ſeulement ont ſoin qu'il n'arrive aucun mal aux femmes, qui

y

y font en couches, mais que de plus ils ne permettent à aucun de leurs maris de les aller voir, & que ſi quelqu'un étoit aſſez hardi pour l'entreprendre, ces hommes inviſibles ne manqueroient par de lui ôter la vie ſur le champ.

Ce que je viens de rapporter, nous a été raconté par les habitans, mais ce que je vais dire eſt une choſe, que nous avons vûe de nos propres yeux. Un gros chien, bien dreſſé pour la chaſſe des bêtes fauves, & qui ne reſſembloit pas mal à un Dogue d'Angleterre, étant mort ſubitement, lors qu'on ne s'y attendoit pas, on entendit des cris & des hurlemens terribles, ce n'étoit par tout que plaintes & lamentations, chacun regretoit ce chien, l'un pour une telle qualité, qu'il avoit poſſedée, & l'autre à cauſe d'un tel ſervice qu'il avoit rendu. Enfin aprés avoir tous bien hurlé & bien lamenté, ils enterrerent ce chien comme une Perſonne. Ils firent bien plus, car afin qu'il pût, ſuivant leur penſée, repoſer plus à ſon aiſe, ils lui mirent ſous la tête une piece de bois, préparée exprez pour cela. En ſuite ils éleverent ſur ſa foſſe une petite cabane, témoignant ainſi l'eſtime qu'ils avoient fait de ce chien, à cauſe de ſes grands merites, & des fideles ſervices qu'il leur avoit rendus pendant ſa vie.

Nous

Nous aprîmes que c'eſt une ancienne Coûtume, parmi ces Peuples, d'honorer par des Funerailles, telles que nous venons de raporter, les Chiens, qui pendant leur vie leur ont été utiles, & dont ils ont tiré de l'avantage & du profit.

Pour ce qui eſt de la maniére dont ils vivent dans leur ménage, on peut dire qu'elle eſt tout à fait miferable, car ils ne cultivent point la Terre, & n'ont ni mêtiers, ni profeſſions. Ils ne ſubſiſtent que de la chaſſe des Bêtes ſauvages, des Martres Zebeline, & de l'Elan.

Aprés que nous nous fûmes inſtruits ſuffiſamment de la commodité du Lieu & des Coûtumes de ſes Habitans, la néceſſité de pourſuivre nôtre Voïage ne nous permettant pas auſſi de demeurer là plus long-temps, nous nous remîmes en chemin.

Nous paſſâmes donc à la droite, le 26. auprés d'une petite Riviére nommée *Silvareca*, qui n'a de largeur qu'environ quinze ou ſeize braſſes, & ſur le Midi à main droite auprés d'une autre petite auſſi, appéllée *Kines*, & vers le ſoir, à la gauche auprés de la Riviére de *Serebrenareca*.

Le 28. nous laiſſames à la gauche *Utkomoſovaſa*, & *Sullemreca*. Le 29. nous mîmes derriere nous encore à la gauche *Utko-*
ſe-

Utka Serednareca , & à la droite la Riviére
de *Dariareka*.

Enfin nous arrivames le 1. de Juin à *Ju-*
nitzutkogorod , Place fortifiée d'ouvrages de
bois, & pourvuë de Canons. Elle est assez
forte pour résister à une legere attaque,
mais elle est petite, & l'on n'y trouve tout
au plus que vingt maisons; bien que quelques uns la fassent passer pour une *Slobode*,
c'est à dire Bourg.

Nous fumes plus de trois semaines sur la
Riviére de *Sujowa*, dans un travail continuel
& extremément penible. Car comme elle
va toûjours en serpentant, & que son cours
est extrémement rapide, nous ne pouvions
avancer contre le courant de l'Eau qu'à force
de rames, & de perches, ou bien à force
de tirer nôtre barque avec des cordes. Lors
que nous étions à un des coins de la Riviéres, où le réplis sembloit finir, nous nous
trouvions justement au milieu de ce même
réplis, qui retournoit tout droit jusques à
l'autre coin.

Enfin nous fumes contraints de ramer
peu à peu vers l'autre côté du Fleuve, mais
comme en cet endroit-là, il est fort profond,
nous ne pumes nous servir des perches.
D'ailleurs de ramer au travers des rochers
qui s'y rencontrent, c'étoit une chose autant
impossible que perilleuse, attendu que l'Eau

se

se precipite entre ces rochers avec une agitation si terrible, & des vagues si enflées, que nous pensions à tous momens être sur la grande Mer.

Nous ramámes donc de l'autre côté, mais l'impetuosité du courant de l'Eau nous repoussa avec tant de violence que nous reculámes de plus d'un demi quart de lieuë. Il ne se passoit point de jour, que nous ne fussions, le plus souvent deux ou trois fois, exposez à de pareils accidens. Outre cela, nous étions furieusement tourmentez des moucherons, qui s'étoient jettez en si prodigieuse quantité dans nôtre barque, qu'ils ne nous donnoient aucun relâche, & quelque soin que nous prissions pour nous en garentir, nous ne pûmes néanmoins jamais éviter l'incommodité & le mal que ces petits animaux nous faisoient soufrir.

Ici l'on compte 70. lieuës de *Solokamsko* à *Utko*, & 50 par terre d'*Utko* à *Wergotur*.

Nous trouvâmes fort peu de terres habitées entre *Solokamsko* & *Utko*; la plus grande partie de ce Païs n'étant que Bois & Deserts. Nons découvrimes aussi le long de la Riviére de *Susowa* une infinité de scabreux Rochers, qui de loin paroissent afreux.

Comme nous ne pouvions plus poursuivre nôtre Voïage par Eau, nous fûmes obligez de demeurer neuf jours à *Utko*, pour y attendre des attelages pour nos traineaux, que nous fimes venir des Frontiéres, & qui ne pûrent arriver plus promptement. Dés que nous les eûmes reçûs, nous partîmes, le 10. de Juin, aprés nous être pourvûs fufifamment de vivres.

Ce fut de cette maniére que nous-nous rendîmes par terre d'*Utko* à *Newa*. Mais comme nôtre gros Bagage ne pouvoit pas nous fuivre fi promptement, nous le laiſſâmes-là, pour le lendemain pourfuivre nôtre route par Chariots.

Le 12. nous arrivâmes à une *Slobode*, nommée *Ajat*, fituée fur une Riviére du même nom. Le lendemain 13. nous-nous trouvâmes à une autre *Slobode*, appellée *Romafchova*, bonne Place, fur la Riviére de *Refch*.

A l'égard du Païs, il doit être préféré aux autres, non pas tant à caufe du grand nombre des Habitans, que pour la fertilité du Terroir, & de la quantité du Blé qui y croît parfaitement bien. Au lieu que dans les endroits, que nous avions traverſez auparavant, à peine avions-nous découvert en 12. lieuës d'Allemagne de chemin, un feul Village, nous en rencontrâmes ici de quart de lieuë en quart de lieuë de trés-beaux, où nous trouvions en abondance tout ce que nous pouvions défirer.

C 2

Dans.

Dans le temps que nous-nous arrêtâmes à cette *Slobode*, les Habitans reçûrent avis par un Exprez, que plus de six mille *Kalmaques*, s'étoient assemblez, & faisoient des Courses dans le Pais, de sorte que mettant tout à feu & à sang, & exterminant les hommes & les bêtes, ils pilloient la Campagne & la désoloient de fond en comble. Cette nouvelle causa une grande consternation aux Habitans de la Place où nous étions, qui extrêmement touchez du malheur de leurs Voisins, étoient aussi dans une terrible appréhension d'éprouver le même sort.

CHAPITRE IV.

Le Bourg de Nowagorod. Voïage divertissant. Champs couverts de Roses. La crainte que l'Ambassade a de tomber entre les mains des Kalmaques, l'oblige à se retirer promptement de Nowagorod. Elle traverse & laisse derriére soi plusieurs Slobodes. La Ville de Tomens. Honnêteté des Habitans. Libéralité du Peuple de ce Pais-là. Ils sont pour la plûspart nez Tartares. Tobolsko Ville Capitale de la Siberie. De

com-

combien de lieües cette Place est éloignée de Moscou. Relation de la Siberie & de ses Villes. Des Kalmaques, Kergises, & Mongales, Peuples dont la Siberie est environnée, & qui sont tous Tartares. Autres Nations Payennes, sur les Confins de la Siberie. De quelle maniére on prend les Martres Zebelines. Départ de Tobolsko. Recit de la fameuse Riviére d'Oby. Arrivée à Surgoto. Voïage fait sur des Traineaux, tirez par des Chiens. Diverses autres choses.

LE 14. de Juin, nous arrivâmes à *Novagorod*, petite Place, mais divertissante, qui passe pour *Slobode*. Ses Fortifications ne sont pas considérables, ni meilleures que celles d'*Utko*. La Riviére de *Newa* qui passe auprés, fait l'entrée de la *Siberie*, en étant comme une Riviére Frontiére.

A l'égard de la petite traite que nous fîmes de, *Romaschowa* à *Nowagorod*, je puis dire, que c'est le chemin le plus beau & le plus divertissant que l'on puisse imaginer. Car non-seulement nous rencontrâmes par tout des Personnes, mais nous découvrîmes aussi avec étonnement des Terres labourables, si bien cultivées, qu'on ne pouvoit rien voir de plus charmant.

C 3

Outre

Outre cela , c'étoit un plaifir de refpirer l'air parfumé de l'odeur agréable de plufieurs fortes d'Herbes odoriférantes , qui croiffent dans ces Campagnes , en telle abondance , que même nous vîmes de tous côtez des piéces de terre toutes tapiffées de Rofes fauvages doubles , & cela avec tant d'agréement & de propreté , que je ne pûs pas alors me fouvenir , d'avoir jamais rien vû ailleurs de femblable. Monfieur l'Envoïé, charmé de la beauté du Païs , trouva bon de s'arrêter quelques jours à *Nowagorod*, d'autant plus que la Barque qui nous devoit porter , n'étoit pas encore prête. Nous employâmes ce temps-là , à contempler & examiner diverfes chofes , & fur tout les Herbes & les Fleurs les plus rares.

A peine avions-nous demeuré là trois jours, que nôtre gros Bagage arriva le 16.

Le 17, on reçût avis que les *Kalmaques*, dont nous venons de parler , n'étoient qu'à quatre journées de nous, dans le deffein de venir fondre fur *Nowagorod* , dés qu'ils auroient emporté la *Slobode* qu'ils affiégeoient.

Comme les Habitans n'ignoroient pas de quelle maniére cruelle & barbare , ces Voleurs ont accoûtumé d'agir à l'égard des *Slobodes* , dont ils peuvent s'emparer , & avec quelle inhumanité ils traittent les Perfonnes

qu'ils

qu'ils enlévent de même que les bêtes. Ils firent des cris & des lamentations qui marquoient l'épouvante dans laquelle cette nouvelle les avoient jettez.

Pour nous, dés que le bruit en fut venu à nos oreilles, nous preſſâmes nos Ouvriers avec tant de vigueur, que nôtre Barque ſe trouva prête au bout de cinq jours. Alors ſans perdre un moment de tems, aprés avoir demeuré 7. jours à *Newa*, nous continuames nôtre Voïage par Eau le 21. & comme il y avoit à craindre, nous primes douze Coſaques pour nous ſervir d'eſcorte juſques à *Tobosko*, où nous arrivâmes néanmoins heureuſement.

A environ cinq *Werſtes*, ou une lieuë d'Allemagne de *Newa*, la Riviére de *Reſch* ſe joint à un autre Fleuve, & là elle prend le nom de *Nietza*. C'eſt ſur cette Riviére que nous arrivâmes le 22. à une *Slobode* nommée *Rudna*, d'où nous-nous rendimes à une autre, appellée *Niginske*. Le Païs eſt là trés fertile & fort peuplé, les Habitans s'y apliquant avec beaucoup de ſoin à cultiver les terres, & à nourrir du beſtail. On y trouve ſouvent en quelques endroits des prairies & des terres couvertes de Roſes, ſans meſlange d'aucunes autres fleurs, ce qui forme de loin un objet tout à fait agréable & charmant.

C 4

Le

Le 23. nous laiſſames derriére nous, trois *Slobodes* conſiderables, ſavoir *Irbitzke*, *Kirginskoy*, & *Suborawa*, qui toutes trois étoient dans une bonne ſituation. Le 24. ſur le midi nous découvrîmes une autre *Slobode* nommée *Jaban*, où nous ne trouvames rien digne de remarque, ſi ce n'eſt que le Fleuve *Newa* ſe decharge là, à main droite dans la Riviére de *Tuva*, avec un grand bruit aſſez particulier.

Sur le ſoir nous aperçumes encore une *Slobode*, nommée *Kraſna*, & le 25. nous arrivames de nuit à la ville de *Tumen*, Place d'une aſſez grand circuit & enceinte de murailles & de Rempars. Les Habitans de cette Ville ſont pour la plûpart des Tartares, qui s'y ſont établis, & qui pour le grand Negoce qu'ils font dans d'autres Païs, ſont obligez de payer tousles ans un tribut à ſa Majeſté Czarienne.

C'eſt un Peuple dont les maniéres ſont fort civiles & fort honnêtes, qui ſcait s'accommoder à l'humeur des autres Nations, & qui poſſede le talent de comverſer facilement avec chacunes d'elles. Pour ne pas fatiguer nos Gens, nous avions pris à chacune des *Slobodes*, dont j'ai fait mention, des Perſonnes fraiches, qui à force de ramer continuellement, nous rendirent en peu de jours à *Tumen*.

Je

Je ne puis paffer ici fous filence la grande
liberalité de ces Peuples ; vertu trés rare
chez les autres Nations, & fur tout parmi
celles qui habitent vers le Nord ; où néanmoins elles poffedent les chofes en abondance. Nous ne paffames dans nul endroit, ni
à aucune *Slobode*, quelque petite & peu
confiderable qu'elle fut, que les Habitans ne
nous apportaffent toutes fortes de provifions,
& quelques fois même de belles fourures,
dont ils nous faifoient prefent, fans vouloir
prendre aucune chofe de nous ; ce qui nous
mit dans un grand étonnement.

Ce Païs eft tout alentour occupé par
des Tartares, qui en font les Habitans. De
Tumen nous arrivames à une *Slobode*, nommée *Makoma*, où nous trouvames que la
Riviére de *Pifchmareca*, fe décharge à main
droite dans celle de *Tura*, qui paffe auprés
de la Ville de *Wergotur*.

Le 28. nous nous trouvames encore auprés d'une *Slobode*, que les Habitans du
Païs nomment *Sutzki*, où la Riviére de *Tura* entre dans celle de *Tobol*, le confluent de
ces deux Riviéres, fe faifant à main droite.
Nous laiffames en fuite derierre nous *Piefda-
rika*, & *Turbareka*, & aprés avoir atteint
le 30. à la gauche la Riviére de *Tafda*, nous
arrivames le 1. de Juillet au fusdit *Tobolki*,
autrement nommé *Tobol*, Ville capitale de

Siberie, à trois millé *Werſtes*, ou ſix cents lieuës d'Allemagne de Moſcou.

C'eſt une place d'une aſſez grande étenduë, ſituée ſur une fort haute montagne, qui a un Cloitre fermé de murailles de pierres. Pluſieurs Tartares habitent au bas joignant cette Ville, & c'eſt-là que le Fleuve *Irtiſch* ſe decharge dans le *Tobol*.

A l'égard de ſon commerce, il conſiſte pour la plus grande partie en fourures de Martres Zebelines, d'Hermines, de Renards & d'autres ſemblables Animaux. *Tobolsk* eſt la plus grande & la plus conſiderable Place de Commerce, qui ſoit en toute la Siberie. Ce Païs eſt arroſé d'un fort grand nombre de Riviéres, dont la plus celebre eſt *Loby*, qui forme pluſieurs Iſlés remplies d'arbres & de Bocages. En quelques endroits ſa largeur eſt d'une lieuë, & en d'autres d'une demi-lieuë. Il ſe rend dans la Mer Glaciale; & on y pêche de trés beaux & trés bon poiſſons.

Les Villes de la Siberie ſont *Werchaturia, Japanzin, Tumen, Tobol, Narim, Koſneſii, Tomskiy, Kraſnoier, Ker, Jenokiſko, Ilim, Mongaſey* &c. toutes fort peupleés.

Le Terroir de la Siberie eſt ſi bon pour le blé, que les Habitans n'ont pas beſoin de fumer les Terres. Cette Province eſt toute entourée de Nations Tartares, dont les

prin

principales font les *Kalmaques.*, les *Kargi-*
fes , & les *Mongales.* Ces derniers s'étendent de la Siberie, jusques à *Mongalie.* Les
Tartares appellez *Kargifes* , fe tiennent dans
des déferts, prés & tout autour de la Ville
de *Krasnojar.* Ils font beaucoup de mal aux
Ruffes, qui habitent dans les vilages voifins
de ces Lieux-là. Car ce Peuple avide de
proie , enleve fouvent le Beftail des Ruffes,
emmenant même les perfonnes ; mais ceux-
ci en revanche ne font point de quartier,
aux *Kargifes* & la plus part du tems, ils leur
rendent au double la pareille. Les verita-
bles Nations Païennes , qui confinent la Siberie , font les *Tunguskoy.*, les *Bratzkoy*, les
Oftiacky, les *Barabinfy*, les *Samoydes* , & plufieurs autres Peuples qui ont chacun leur
Prince , & une Religion particuliere.

Les anciens Habitans de Siberie font Magiciens , & plongez dans une grande idolâ-
trie. Pour les Ruffes qui habitent parmi-eux;
ils font fort robuftes. Les Czars aufquels ces
Peuples font affujetis depuis la prife d'*Aftra-*
chan & *Cafan* par Jean *Wafilowitz*, tirent de
ce Royaume un tribut annuel , qui confifte
en peaux, ou fourures de Martres Zebelines ,
de Renards rouges & blancs , & de toutes
fortes d'autres Animaux qu'on trouve en ce
Pais-là. Ce tribut à accoutumé de monter
tous les ans à plus de deux cents mille Rubels ,

bels , ou Ducats , & fa Majefté Czarienne en tireroit bien d'avatange, fi la Siberie n'étoit pas fi éloignée de la Moſcovie.

Quelques Habitans prennent les Martes Zebelines avec des Trapes, de la même maniére qu'on a accoutumé de prendre parmi nous les rats & les ſouris. Mais cette maniére n'eſt pas uſitée par tout , car les autres vont à la chaſſe de ces Animaux, avec des chiens, qui ſervent auſſi à trainer leurs Traineaux, les chevaux ne pouvant y être employez, à cauſe de la profondeur des neiges qui ſe trouve dans les Bois.

Le tribut des Martres Zebelines, ſe regle ſuivant le nombre qu'on en prend. Celui qui les a priſe eſt obligé de les porter au Commis de la Doüâne, qui pour la quote-part du Czar en prend la vintiéme , ou devint une.

Nous fumes obligez de nous arreter quelque tems à *Tobolsko* pour certaines raiſons, concernant le Voïage que nous avions encore à faire , & celui que nous avions déja fait. Monſr. l'Envoïé reçut du Gouverneur *Stepan Iwanowitz Soltikof*, & de ſes deux fils, *Fœdor*, & Jean *Stepanowitz*, pluſieurs bons oficces & beaucoup de témoignages d'amitié. Nous étions regalez chez lui pour le moins deux fois la ſemaine , ou bien il ſe rendoit chez Mr. l'Envoïé , où rien ne manquoit de tout ce qui peut contribuer à la joïe & au plaiſir.

Mon-

Monfieur l'Envoyé depecha un Courier
de *Tobolko* à Mofcou avec des lettres pour
Sa Majefté Czarienne. Cependant nous
difpofames tout pour nôtre depart, & fimes
une provifion de vivres & d'autres chofes
neceffaires au Voyage, pour prés de trois
mois, parce que dans tout le chemin de *Tobolsko* à *Jenokisko*, qui eft de fix mille *Werftes*, ou douze cents lieuës d'Allemagne, on
trouve fort peu de fourage & de vivres.

Aprés avoir achevé nos preparatifs, Monfieur l'Envoyé prit congé du Gouverneur &
de fes deux fils; & nous nous embarquames
le 22. de Juillet pour *Jenoskisko* fur le Fleuve
Irtifch, avec vint *Strelitzes* ou Soldats, qui
furent donnez par ordre de Sa Majefté Czarienne, à Monfieur l'Envoyé, pour lui fervir
d'efcorte jufques à la Ville de *Surgut*.

Nous continuâmes donc ainfi nôtre Voyage fur deux groffes Barques, & le 24. nous
paffames auprés d'une *Slobode* nommée *Dem-
jan*, où nous primes des perfonnes fraiches pour ramer, dont nous avions befoin.
C'eft en cet endroit-là que la Riviére de
Demiansko fe decharge à la droite dans le
Fleuve *Irtifch*. Tous les jours nous changions deux ou trois fois de Rameurs, mais
c'étoient des gens extremement pareffeux, &
qu'on ne pouffoit qu'avec beaucoup de peine au travail. Ils étoient *Oftakes*, Peuples

par-

particuliers de la vie & des coûtumes desquels nous parleront dans la suite.

Aprés avoir reçûs de nouveaux Rameurs, nous arrivâmes le 28. de bon matin à un Bourg, nommé *Sarmarskoiam*, & le 29. nous en partimes à la pointe du jour. A peine avions-nous continué nôtre route l'espace d'environ une demie lieuë d'Allemagne, sur la Riviére d'*Irtisch*, que nous entrâmes dans l'*Oby*, par un de ses bras que nous fûmes obligez de remonter, & de cette maniére nous-nous trouvâmes le 1. d'Aoust sur ce Fleuve célébre.

Il est large & fort profond, & l'on ne navige pas dessus fort commodement, ni sans danger, à cause qu'il est impétueux, & que la violence des vagues, & divers autres inconvéniens, peuvent facilement causer un naufrage. Il vient du Zud-Oüest, sort du Païs des *Kalmaques*, & se rend dans la Mer Glaciale. Mais pour parler plus proprement, il sort du Lac *Kithai*, coule dans la Tartarie déserte, & dans la Moscovie, separe l'Europe de l'Asie, & traversant le Païs des *Samoïdes*, il se jette par six embouchûres dans la Mer Glaciale.

Le 6. nous arrivâmes à *Surguto*, petite Ville, où l'on fait peu de Commerce, & qui n'est nullement bien peuplée. C'est-là que nous donnâmes congé aux *Strelitzes* que

nous

nous avions pris à *Tobolsko*, le Gouverneur de *Surguto* nous en ayant donné 16 autres pour nous conduire jusques à *Narim*.

On trouve dans ce Païs une grande quantité de pauvres gens, si miserables, qu'à peine ont-ils dequoi se mettre un méchant habit sur le corps. Ces Peuples possedent peu de Terres labourables, & ce qu'ils cultivent est fort peu de chose, ne subsistant que de la chasse des Martes Zebelines, des Hermines, & des Renards.

A l'égard de la maniére dont ils prennent les Martres Zebelines, elle est tout autre que celles que nous avons raportée.

Car ils tue ces Animaux simplement avec des fléches, émousées, ou bien ils allument du feu sous l'arbre, sur lequel se tient la Martre Zebeline, qui ne pouvant supporter la fumée, se laisse tomber, & alors les personnes qui font sous l'arbre, se jettent dessus avec precipitation, & l'artrapent de cette maniére.

Pour ce qui est des Hermines, on leur tend des trapes, mais à l'égard de la chasse du Renard elle se fait avec des chiens.

Le 9. nous partimes de *Surguto*. Comme ceux que nous avions pris pour ramer, étoient de jeunes gens robustes, nous les animâmes si bien au travail, que le 13. nous laissâmes derriére nous à main gauche, la

Ri-

Riviére de *Wuche*, le 19. une autre Riviére nommée *Tim*; & finalement le 24 nous nous rendimes à la Ville de *Narim*, située à la gauche sur le Fleuve *Oby*.

Il faut remarquer ici, comme quelque chose d'affez singulier, qu'en tems d'hiver on ne fcauroit fe fervir de chevaux, pour faire le Voyage de *Tobolsko* à *Narim*, mais qu'on fe fe fert fort bien de chiens, qui tirent les Traineaux de la maniére fuivante.

On attache à un Traineau trois ou quatre chiens, que le conducteur chaffe avec un fouët. Si le Traineau fe trouve trop chargé, il le tire lui même avec les chiens.

La caufe qui empêche qu'on ne puiffe fe fervir de chevaux, c'eft que tout le Païs eft comme un défert, où l'on ne trouve aucun fourage pour la nourriture des chevaux. De plus les neiges y tombent en hyver de la hauteur de plus d'une braffe, fur laquelle les chiens paffent facilement avec leurs Traineaux; mais c'eft fur tout à caufe du froid extrêmément âpre qu'il y fait.

Lors que les Habitans de ce Païs, qui font en petit nombre, vont à la Chaffe, ils font porter par leurs Chiens leurs vivres, & tout ce dont ils fe fervent pour chaffer, comme des Arcs, des Fléches, des Piques, des Haches, & autres femblables inftruments, à une certaine place, où ils ont leur

Ren-

Rendez-vous ; & le plus souvent ils y demeurent sept ou huit semaines. Le Lieu où ils vont chasser est presque toûjours à huit ou dix , & même à quatorze ou quinze journées de chemin, de celui où ils habitent.

Les *Ostaques* , qui font leur demeure là autour, se servent aussi de Chiens pour tirer leurs Traineaux ; Car au commencement de l'Hiver ils vont pêcher, & lors que leur pêche a été bonne , ils se rendent aux Marchez pour y vendre leur poisson, dont ils chargent tellement leurs Traineaux , qu'il leur faut de gros Chiens robustes pour les tirer.

CHAPITRE V.

La Riviére de Kett. Kettskoy , Slobode. *Forte gelée vers le milieu du mois de Septembre. Les Personnes de l'Ambassade se voient , par cette gelée qui les surprend, en un danger évident de perir. Pourquoi ? Changement de temps , qui met ces mêmes Personnes hors du péril extrême qu'elles couroient. Elles en rendent graces à Dieu par la célébration d'un jour de Priéres. Conti-*

D   *nua-*

nuation du Voyage. Groseilles. Mort de Jean-George Weltzel, Personne de la Suite de l'Envoyé. Mekuskoy. Voyage par une Forest horriblement épaisse. Arrivée à la Ville de Jenokisko. Ostiaques, Nation de fort petite stature, &c. Description de cette Nation. Disete de pain parmi-eux. Leur grande pauvreté. Le poisson frais leur sert de viande, & le poisson sec de pain. Autres particularitez de ce Peuple. De quelle manière l'Auteur visite leurs Demeures. Ce qu'il y remarque. Leur Dieu, qui n'est qu'une simple figure de bois fort mal propre. Diverses autres choses étranges au sujet de ce Dieu.

NOus ne séjournâmes qu'un jour à *Narim*, & ce fut le 25. d'Aoust que nous en partîmes, aprés avoir pris des Rameurs frais & vingt Cosaques pour nous servir d'escorte jusques à *Jenokisko*. Le 29. nous quittâmes à main gauche la Riviére d'*Oby*, pour entrer dans celle de *Kett*, que nous remontâmes.

Nous continuâmes nôtre Voïage sur cette derniére Riviére pendant plus d'un mois, parmi plusieurs dangers, ausquels nous nous trouvâmes exposez; & en côtoyant, nous découvrîmes quantité de Cedres. Le 1. de Septembre nous décendîmes à terre à

un

un Bourg nommé *Kettskoy* ; mais comme
nous n'y fûmes pas traitez comme nous le
souhaitions ; nous en partîmes le même soir,
dans l'espérance de rencontrer plus de commodité dans quelque autre Place : Cependant avant que de pouvoir nous rendre à
une bonne Hostelerie, nous-nous trouvâmes
dans un danger si manifeste, que nous sou-
frîmes les derniéres angoisses par la crainte
qui nous saisit.

Ce fut le .6. que nous-nous vîmes dans
cette peine, par une gelée si forte, que
nous crûmes tous ne pouvoir pas en récha-
per. Et en éfet nous étions perdus sans res-
source, si Dieu par sa misericorde ne nous
eut secourus. Car au cas que cette seule
petite Riviére se fut couverte de glace, il
ne nous restoit pas la moindre espérance de
nous sauver, attendu que nous étions justement dans une situation à ne pouvoir avancer ni reculer. Outre cela, nous ne pouvions pas, faute de vivres, éviter de périr
misérablement dans ces Lieux déserts.

Mais, comme le temps, qui commença
à s'adoucir, nous laissa la Riviére libre,
nôtre afliction se convertit en joïe, & d'autant plus que nous eûmes continuellement
un vent favorable, qui nous porta enfin le
28. à un Cloitre. Nous eûmes sujet d'en
rendre graces à Dieu, aussi le fimes-nous
D 2   du

du plus profond du cœur; fa Divine Bonté
nous ayant conduit dans un Lieu, où nous
n'avions plus rien à craindre. Car quand
même la gelée nous y auroit furpris, elle ne
nous auroit fait courir aucun rifque, ni in-
terrompu le cours de nôtre Voïage, veu
que nous pouvions nous pourvoir de vivres,
& continuer nôtre route par terre. Nous
ne fûmes pas néanmoins obligez de prendre
ce parti.

Ce fut donc le 2. d'Octobre que nous-
nous affemblames tous pour célébrer ce même jour par des Priéres & des Actions de
Graces, que nous adreffâmes à Dieu, tant
pour le remercier du foin Paternel qu'il a-
voit eu, de nous préferver & garantir de
tous les dangers, aufquels nous avions été
expofez, que pour le fuplier de nous continuer par fa Mifericorde infinie, fon feçours
& fa protection, contre tous les périls, dans
lefquels nous pouvions encore tomber; lui
demandant auffi la grace de pouvoir retourner dans la fuite heureufement chacun chez
foi, pour y revoir fes Parens & fes Amis.

Aprés nous être acquittez de ce devoir,
nous pourfuivîmes nôtre Voïage, & arrivâmes ce même jour fur le foir à un petit
Village, où nous ne trouvâmes que fix Fa-
milles. Nous y vîmes quantité de Grofei-
les noires, & rouges, & affez groffes, &
en

en quelques endroits nous aperçûmes de grands espaces de terre tout couverts des Arbrisseaux qui porte ce fruit. Nous découvrîmes de ces Groseilles en plusieurs autres endroits sur tout le long de la Riviére de *Ketto*, mais non pas en si grande quantité. Ce qui nous fit juger que le Païs est en cet endroit beaucoup plus gras & plus fertile qu'ailleurs.

Le 3. nous ne faisions que de partir de ce Lieu, pour poursuivre nôtre Voïage, lors qu'une Personne de la suite de Monsieur l'Envoyé mourut. C'étoit un Peintre, nommé Jean-George *Weltzel*, natif de *Goldingen* en Silesie. Comme il avoit beaucoup de piété, sa mort fut aussi fort douce & fort édifiante. Pendant treize jours qu'il fut malade, il supporta son mal avec beaucoup de patience. Cependant il demandoit tous les jours à Dieu qu'il lui plût, si c'étoit sa volonté, & qu'il le jugeât nécessaire pour l'avancement de son Salut, de le laisser encore quelque temps au monde. Mais comme le Seigneur en avoit autrement ordonné, son mal s'augmenta de jour en jour, de sorte que finalement il passa de ce monde à l'autre.

Le 7. nous arrivâmes à *Mckuskoy*, petite Place, aprés laquelle nous avions souvent soupiré, & où nous trouvâmes d'excellen-

te

te bierre, qui nous fut un agréable rafrai-
chiſſement.

Aprés nous y être un peu repoſez, nous
reçûmes ordre de Monſieur l'Envoïé d'en-
terrer le Corps de *Wetzel*; ce que nous
fîmes le 9. d'Octobre, ſur une Montagne,
au pié de laquelle coule la Riviére de *Ketto*;
aprés quoi nous élevâmes une Croix ſur ſa
foſſe.

Comme la néceſſité de hâter nôtre Voïage, ne nous permettoit pas de demeurer là
plus long-temps, Monſieur l'Envoyé or-
donna que le gros Bagage reſteroit avec
neuf perſonnes pour en avoir ſoin, juſques
à ce que les Traineaux fuſſent prêts. Pour
nous, nous prîmes le devant le 10, & entrâmes dans une Foreſt d'une épaiſſeur af-
freuſe, où nous fûmes deux jours & deux
nuits à la traverſer.

Le 12. nous découvrîmes la Ville de *Jenokisko*, où nous entrâmes ce même jour,
& comme chacun de nous s'étoit mis magnifiquement, les Habitans furent fort éton-
nez de nous voir de cette maniére. Cette
belle Place eſt ſituée ſur la Riviere de *Jens-
ka*, le long de laquelle habite un grand nombre de Peuple, & qui avec cela eſt fort
commode pour la Navigation.

Les *Oſtiaques* s'étendent depuis *Tobolsko*
juſques ici. Ce ſont des Peuples d'une petite

re stature & fort mal faits , qui paffent leur
vie dans une mifére extrême. Ils ont tous,
les hommes & les femmes la vûë courte &
tout-à-fait foible ; ce qu'on peut attribuer
au manque de pain , qu'ils ne peuvent recevoir, que des Voïageurs qui paffent par-là,
& alors il faut qu'ils l'achettent bien cher.

Leur difette eft d'autant plus grande , que
cet endroit n'étant pas un Lieu de grand paffage , les Etrangers y voïagent rarement. Ces
gens nous donnérent de la compaffion &
nous leur diftribuâmes tout le pain dont
nous crûmes pouvoir nous paffer , mais c'é-
toit peu de chofe pour un fi grand nombre de perfonnes. Nous remarquâmes auffi
que la pauvreté extrême dans laquelle ils
font réduits , ne leur permettoit pas d'acheter du pain , quand même on leur en auroit
apporté. Ainfi ils ne fe nourriffent que de
poiffons frais qu'ils mangent au lieu de viande, & de poiffons fecs qui leur fert de pain.
La longue habitude fait qu'ils n'ont point
de peine à digérer ces alimens , mais auffi
ils perdent par-là ce qu'ils ont de plus pré-
tieux , fcavoir la vûë.

Tandis que nous fûmes fur la Riviére d'*O-*
by , les *Oftiaques* nous apportérent tous les
jours le plus beau & le plus excellent poif-
fon qu'on puiffe manger. Ils ne vouloient
point recevoir d'argent, mais ils nous prioient

au cas que nous vouluſſions leur faire
quelque préſent , de leur donner du ſel ,
du pain & du tabac. Ce que nous fimes.
Nous eûmes encore le bonheur , par la grace de Dieu de n'être expoſez à aucun danger conſidérable ſur cette même Riviére d'*Oby*,
ſur laquelle néanmoins nous pourſuivions
nôtre voïage la plus ſouvent jour & nuit.

A l'éntrée de la Riviére de *Ketto* , nous
decouvrimes ſur le rivage à maindroite, huit
Cabanes d'*Oſtiaques*. L'envie me prit de les
viſiter. Je me fis mettre à terre , & ayant
gagné l'amitié des Habitans par les preſents
que je leur fis de pain , de ſel & d'autres
choſes, ils me permirent d'entrer librement
dans leurs Cabanes.

Aprés en avoir viſité quelques-unes , où
je ne vis rien de propre ni de remarquable,
ces Cabanes n'étant que de miſerables tau-
dis faits d'écorce d'arbre entrelacée , qu'ils
changent auſſi ſouvent qu'il leur plait , nayant
point de demeure fixe , j'arrivai à une autre Cabane, vielle, conſtruite d'une maniére
particuliére, & ornée de toutes ſortes de figures. Cela m'obligea d'y entrer. J'y trouvai trois femmes couchées à terre , qui s'é-
tant relevées auſſi-tôt qu'elles m'apperçurent,
s'aſſirent à leur maniére , & me firent aſſez
connoitre par pluſieurs ſignes de teſte & des
geſtes à faire peur, le plaiſir qu'elles avoient
de

de me voir. Comme je ne compris point d'abord
ce que fignifioient toutes ces grimaces, je
ne m'y arrêtai pas , & toute ma curiofité fe
porta à vifiter ce qui étoit dans la Cabane.
Ces trois Perfonnes , comme je l'appris dans
la fuite, étoient les femmes d'un *Knez*, ou
Prince. Je ne trouvai rien de remarquable
dans cette Cabane ; fi ce n'eft leur *Scheitan* ,
ou fuivant ce qu'ils veulent fignifier par-là ,
leur Dieu , au fujet duquel je ne pûs ni par
priéres, ni par préfents, tirer d'eux un éclairciffement plus particulier.

Cette Idole eft placée à un coin à la droite de l'entrée de leurs Cabanes , & le plus
fouvent on la trouve par terre. C'eft une figure , faite d'un méchant & vilain bois, &
conftruite d'une maniére fi étrange & fi finguliére , que du premier abord j'en fus ef-
frayé , ne pouvant pas comprendre quelle
forme c'étoit. Elle avoit la tête garnie d'u-
ne forte piéce de fer blanc , ou de quelque
autre matiére dure , & avec cela , elle étoit
fi noircie de la fumée des encenfemens qu'ils
lui font, & de la graiffe , dont il la frottent ,
pour lui faire honneur, qu'à peine pouvoit-on
la connoitre.

De plus ils avoient donné à cette Idole
un méchant habit rapetaffé, & compofé de
toutes fortes de lambeaux , fi vieux & fi vi-
lains qu'ils ne valoient pas la peine d'être ra-

D 5

maffez,

maſſez, auſſi n'avoit-elle rien moins que l'apparence d'un Dieu. Pour moi, je ne me ſouviens pas d'avoir jamais vû de gueux en plus miſerable équipage que cette Idole. C'eſt néanmoins, diſent-ils, un Dieu dont le pouvoir eſt grand, & qui repand ſur eux une infinité de graces.

CHAPITRE VI.

Relation plus ample au ſujet des Oſtiaques. Horrible pareſſe de cette Nation. Ils changent continuellement de demeure. Le Divertiſſement que Monſieur l'Envoyé voulut s'en donner. Plaiſante avanture, au ſujet d'un de ces Tambours que l'on fait mouvoir par machines, & que Monſieur l'Envoyé expoſa en ſpectacle aux Oſtiaques. Des Habits de ces Peuples, de leurs Idoles, & du Culte étrange qu'ils leur rendent. Coûtumes & Cérémonies ſurprenantes. On préſume que c'eſt un ouvrage de Satan qui leur apparoit. Ils adorent la peau d'un Ours. Diverſes autres particularitez de cette Nation. Ils ſont grands amateurs du Tabac. De quelle maniére ils le fument. Départ de l'Ambaſſade de Jenoskisko pour Irkutskoy.

De-

DEpuis *Surgut* jusques à *Makofskoy* nous primes sur nos deux Barques de jeunes *Oftiaques*, dont nous changions de tems en tems & aufquels Monfieur l'Envoyé étoit obligé de fournir les viandes & la boiſſon. Ces Gens font d'une pareſſe horrible, & l'on peut dire que le travail leur donne plus d'épouvante, que le ſerpent le plus venimeux. Ils n'ont pas plus de penchant, pour la Chaſſe que pour les autres choſes, & leur lâcheté eſt ſi infame que l'extrême néceſſité où ils ſe trouvent reduits, n'a pas aſſez de force pour les tirer de cette prodigieuſe pareſſe ; En un mot il n'y a point d'hommes ſous le Ciel plus fainéans que les *Oftiaques*.

A l'égard de leur habitation, je puis, ſans m'écarter en aucune maniére de la vérité, témoigner que dans tout l'Orient il n'y a pas de Peuples plus vagabons & plus inconſtans que les *Oftiaques*. Ils changent en un mois de tems deux ou trois fois de Cabane, & dans l'eſpace d'un an dixhuit à vingt fois de Place, ſuivant la commodité & la ſureté des Lieux. Lors que nous leur demandâmes la cauſe de ce perpétuel changement, ils nous répondirent, qu'ils y étoient contraints, pour éviter la peine & le tourment que leur cauſoient les Voyageurs. Il faut remarquer que ce tourment, qui leur donne tant d'é-

pou-

pouvante, ne confiste qu'en ce que les étrangers qui voyagent les vont. chercher dans leurs Cabanes, & les contraignent d'en fortir pour ramer pendant quelques heures de chemin ; ce qui eft pour eux un travail terrible.

Pour avoir quelque divertiffemens avec ces gens-là, Monfieur l'Envoyé fit apporter par fon Valet de Chambre, de ces Ouvrages curieux, qui fe font à Augsbourg. Il y avoit entre autres la figure d'un homme qui bat la caiffe, vêtuë de même qu'une Perfonne. Cette figure étoit travaillée avec tant d'art, que lorsque par le moyen des refforts, elle battoit le Tambour, on lui voyoit tourner en même tems la tête & les yeux.

Comme les *Oftiaques* étoient attentifs à confidérer cette machine, les refforts qui commencérent tout d'un coup à jouer, firent leur éfet ordinaire. Ce fut alors un plaifir de voir les poftures & les grimaces qu'ils faifoient pour marquer leur étonnement. Ils fe mirent à marmoter, à fe fraper le vifage, à fe coucher par terre, & enfin à rendre à cette machine, tous les honneurs qu'ils ont accoutumé de rendre à leur *Scheitan*, & cela d'une maniére fi plaifante, que nous ne pouvions pas nous empêcher de rire.

Monfieur l'Envoyé ayant fait en fuite aporter une autre machine qui repréfentoit un

Ours

Ours sur ses piés de derriére, battant aussi le tambour avec ceux de devant, & tournant les yeux & la tête de même que la premiére figure, ils recommencérent leurs postures & leurs grimaces; ils nous firent néanmoins connoitre que le Tambour leur plaisoit plus que l'Ours. Car aprés s'être tous ensemble approché de Monsieur l'Envoyé en courbant la tête, ils le supliérent avec beaucoup d'instance de vouloir leur accorder ce même Tambour, promettant de le payer au poids de l'or. Monsieur l'Envoyé n'eut garde de leur ottroyer cetre faveur, il avoit ses raisons pour cela, mais la principale étoit qu'il ne vouloit point par cette Machine servir à augmenter le nombre de leurs Idoles.

A l'égard de leurs habits, ce sont des peaux cruës qu'ils portent le poil en dedans, & qui sont aussi roides qu'un bâton; l'Eté ils ont d'autres habits faits de la peau de certains poissons.

J'ai remarqué que leur Dieu prétendu, ou Grand *Schaitan*, est fait ou de bois, ou de cuivre, ou de plomb; suivant que celui qui le fait fabriquer est riche ou pauvre. Ils l'habillent & le parent, comme je l'ai déja raporté; Ceux qui sont pauvres ne lui donnent que de vieux lambeaux, mais les riches le couvrent de Martres Zebelines.

Ils

Ils lui font des encenſemens avec toutes ſortes de parfums.

Lors qu'ils paroiſſent devant cette Idole, ils pratiquent une étrange maniére d'adoration. Au lieu de Priéres, ils prononcent, je ne ſçai quelles paroles en contrefaiſant la voix des poulets, ils frapent fortement des mains, ils ſe proſternent la face contre terre, pour marquer un reſpeét tout particulier, ils font avec les piez de certains mouvemens & poſtures de Bateleurs, & pratiquent d'autres Cérémonies ridicules, qui ne valent pas la peine d'être raportées.

Toutes les fois qu'ils prennent leurs repas, de même que lors qu'ils font quelque feſtin, ils ne manquent pas de ſervir à leur *Schaitan* des viandes les meilleures & les plus délicates, qu'ils poſent devant lui. Ils croient que s'ils manquoient à cette coûtume, tous leurs mets ſe convertiroient en abominables vers. Ils tiennent auſſi que s'ils ôtoient ces viandes de devant cette Idole, elle ne manqueroit pas, pour punition de ce crime, de les eſtropier en leur faiſant perdre l'uſage des bras. C'eſt pourquoi ils les laiſſent là juſques à ce que la corruption les conſument, ou que les bêtes qui vivent de proie, viennent les enlever.

Quelques Perſonnes nous ont raconté, qu'en certain temps, ces Peuples s'aſſem-

femblent dans leurs Cabanes, où ils font a-
lors des cris & des hurlemens horribles &
lamentables, qu'ils ne finiffent qu'à l'arrivée d'une Perfonne, qui fans doute, ne
peut-être que le Diable. Cet Efprit malin
leur prédit ce qui leur doit arriver ; favoir
s'ils ont quelque grande famine à fupporter ;
s'ils auront du bonheur à la chaffe & à la
pêche ; s'ils continueront à jouir d'une parfaite fanté ; s'ils épouferont une jeune femme ; s'ils mourront d'une mort naturelle, ou
s'ils auront le malheur d'être tuez, ou affom-
mez, ou bien d'être dechirez & devorez
par les ours ou autres bêtes farouches, &
plufieurs chofes femblables.

Aprés avoir ainfi apris de Satan tout ce
qu'ils veulent fçavoir, ils lui rendent les derniers honneurs, & quand il a difparu, ils fe
feparent, attendant leur deftinée avec un courage intrepide.

Leur Idolatrie s'étend encore jufques à
l'adoration de la peau d'un ours, fur laquelle ils font leur ferment. Lors qu'ils ont tué
une de ces bêtes farouches, ils lui coupent
la tête, & lui rendent enfuite de grands honneurs. Ils courbent un peu la tête, fifflent
comme on a accoûtumé de faire lors qu'on
apelle un chien, & aprés avoir écorché l'ours,
ils lui difent ; Qui eft-ce qui t'a ôté la vie ?
Ce font les Ruffes. Qui t'a coupé la tefte ?

Ce

Ce font les haches des Ruffes, qui eft ce qui t'a depoüillé de ta peau ? *Ce font les coûteaux des Ruffes.* En un mot ils attribuent aux Ruffes tout ce qu'ils ont fait à cet Animal.

Ces Peuples miferables au fupreme degré, ne laiffent pas, tout Idolatres qu'ils font, d'être loüables en une chofe ; c'eft qu'ils font ennemis des juremens & des faux fermens, de même que de ceux qui font faits à la legere. On leur inculque cette maxime dés leurs jeuneffe. Auffi font-ils fortement perfuadez que celui d'entre-eux qui fait un faux ferment, ou jure en quelqu'autre maniére fans neceffité, ne doit efperer dans toute l'année aucun bonheur, ni profperité, & que même il ne la paffera pas fans mourir de quelque mort violente ou bien fans être dechirez par les ours.

Les *Oftiaques* aiment beaucoup le Tabac, qu'ils fument d'une maniére toute particuliére. Avant que le prendre, ils s'empliffent la bouche d'eau, & avalent en fuite la fumée du Tabac avec cette eau.

Le matin, lors qu'ils fument la premiére pipe ; cette fumée qu'ils avalent leur ôtent tellement la refpiration, qu'ils tombent, & demeure quelque tems couchez à terre, comme s'ils étoient attaquez du mal caduc ; mais enfin ils reviennent de cette fuffocation.

cation. Ils ont aussi la coûtume de ne fumer jamais qu'assis. Lors que le Tabac leur manque, ils se servent des copeaux de leurs pipes, faites d'un trés méchant bois, & d'une façon toute particuliére.

Nous demeurâmes plus de dix semaines à *Jenokisko*, où nous reçumes beaucoup d'honneur, & où nous fûmes souvent régalez par le Gouverneur de la Place.

Enfin aprés avoir fait tous nos préparatifs, nous fimes partir le 13. de Decembre pour *Irkutzkoy*, les traineaux chargez du plus gros Bagage, & le 21. nous suivîmes avec Monsr. l'Envoyé; que le Gouverneur & les Principaux Habitans conduisirent jusques au premier Village.

Nous nous mîmes aprés cela sur la Riviére de *Jeneska*, que nous laissâmes en suite à la droite, pour passer sur le Fleuve *Tunguskoreka*. C'est-là que commencent les Habitations des *Tunguses*, dont nous parlerons dans le chapitre suivant. Aprés avoir laissé sur cette Riviére divers Villages derriére nous, nous découvrîmes le 30. Celui de *Buhutscha*, où nous nous arêtâmes un jour & une nuit. C'est ici que commence le grand *Wolck*, ou Désert, trajet extrémement fâcheux, auquel on ne trouve pendant huit ou dix jours de chemin, aucun Village, ni aucune bonne Place.

E   CHA-

CHAPITRE VII.

Le Grand Wolock. Froid si âpre & si pénétrant que le manger & le boire gele entre les mains de nos Voïageurs. Le Village de Kasma. Trajet pénible & fâcheux. Les Tungufes ; Defcription de cette Nation. De leur Figure, de leurs Habits. De la Couture qu'ils fe font par ornement au Vifage, & qui leur caufe une douleur extrême. De leurs Maifons & Cabanes, & de quelle matiére elles font conftruites. Comment ils endurciffent leurs Enfans au froid. Ces Peuples font de trois fortes, les Kunny, les Alenny, les Sobaltzy. De leurs Dieux, & de quelle maniére ils les adorent. De leurs Prêtres & Magiciens. Des Coûtumes étranges qu'ils pratiquent ; De leur Pauvreté. Du grand nombre de Femmes qu'ils entretiennent. De l'abominable Cérémonie qu'ils font pratiquer à ceux qui font obligez de prêter Serment. Plaifante maniére de foubaiter du mal à ceux contre lefquels ils font en colére. Départ de Kasma. Arrivée à la petite Ville d'Ilinskoy. Ifles. Villages. Chaffe de Bêtes Sauvages, comme de Martres,

de

de Renards, &c. Le Lac de Baïkal. *Superstition du Peuple au sujet de ce Lac. Passage par divers Bourgs. La Ville d'*Ostroyudingskoy, *Clef de la Province de* Daure.

CE fut le premier jour de l'année 1693. que nous partîmes du Village de *Buhutscha.* Nous traversâmes le grand *Wolok,* par un froid extrême, qui se fait terriblement sentir en ce Lieu-là. Il étoit pendant le jour & pendant la nuit si pénétrant, qu'à peine pouvions-nous nous remuer; mais la plus grande incommodité que nous fûmes obligez d'en souffrir, est que nous ne pouvions ni manger ni boire, à cause que tout géloit entre nos mains. Nôtre boisson n'étoit alors que de l'eau.

Enfin le 8. du mois de Janvier, nous laissâmes, par la grace de Dieu, le grand *Wolock,* derriére nous, & arrivâmes à un Village, nommé *Kasma.*

Le Voïage par eau fut jusques ici pour nous trés fâcheux, parce que la Riviére étoit en divers endroits tellement couverte de gros glaçons, que ceux qui nous conduisoient avoient souvent bien de la peine & du travail à les couper pour se frayer un chemin. Il faut remarquer ici qu'ils passe fort peu de Traineaux en ce Lieu-là, non-seulement pour

la

la quantité de glaces , mais auſſi à cauſe de l'inégalité du Païs.

Nous étions ſi las, & nos chevaux ſi fatiguez , que nous fûmes obligez de nous repoſer pendant tréize jours à *Kaſma*. Ceux qui conduiſoient nos traineaux, employérent ce temps-là , à nous chercher des chevaux frais dans les Villages les plus proches & dans d'autres fort éloignez, tandis que nous étions occupez à viſiter dans les bois les Habitations des *Tunguſes*, dont je vais raporter ici en peu de paroles la coûtume & les mœurs.

C'étoit autrefois un Peuple belliqueux , qui n'avoit point été ſubjugué , & qui occupoit une fort grande étenduë de Païs. Mais aujourd'hui il a perdu ſa liberté, ayant été ſoûmis par les Armes victorieuſes de ſa Majeſté Czarienne , à laquelle il eſt obligé de païer tous les ans le tribut.

A l'égard de la Perſonne des *Tunguſes*, ils ſont robuſtes & bien faits de corps. Ils ont en Hiver & en Eté des habits de peaux cruës, jointes enſembles & de diverſes couleurs. Ils portent tous , les hommes & les femmes, les jeunes gens & les viellards cette ſorte d'habit, ſous lequel, ils afectent à leur maniére, un grand air de pompe & de magnificence.

Lors qu'ils ſont encore jeunes, ils ſe font

coudre

coudre le Vifage en maniére de piquûre
avec du fil noir, ce qui paffe parmi-eux pour
un des plus grands ornemens. Ils le font
de diverfes façons, les uns en long, les autres en rond, les autres en quarré, fuivant
la fantaifie de celui qui foufre cette operation.
Et l'on peut bien s'imaginer que ce n'eft pas
fans une douleur extréme. Nous en avons
vûs, qui peu de tems avant nôtre arrivée,
s'étoient fait coudre de cette maniére, dont
le vifage étoit fi prodigieufement enflé, &
par tout fi enfanglanté, qu'à peine pouvoient-
ils decouvrir les objets, tant leurs yeux étoient
cachez fous cette enflure.

Ils ne paroiffent pas néanmoins fe foucier
beaucoup de ce mal, la douleur ne les af-
flige point, au contraire, ils la fupportent
avec courage, dans la joie qu'ils-ont de fe
voir fi magnifiquement ornez des marques
paternelles, qu'ils font affurez de conferver
toute leur vie. Et en éfet ces marques ne
s'éfacent jamais, car quand ils font gueris,
les cicatrices paroiffent toûjours.

Pour ce qui eft de leurs Maifons & Cabanes ils les batiffent avec des peaux, d'u-
ne certaine bête nommée *Renne*, & faite a
peuprés comme un Cerf, qu'ils joignent d'u-
ne maniére fi ferme, que ni la pluie ni la
grêle ne les fauroient pénétrer. Quelques
uns les font de feutre, ou de paille, & d'au-

tres

tres les conſtruiſent avec de l'écorce de Bou-
leau, arbre qui ſe trouve en ce Païs-là, d'u-
ne groſſeur extraordinaire.

C'eſt une choſe étonnante que ces miſerables gens puiſſent ſubſiſter en de ſi cheti-
ves Cabanes par un froid extrémement â-
pre & pénétrant, & qui comme nous l'a-
vons déja remarqué, eſt aſſez inſuportable en
leur Pays. Mais on peut dire qu'y étant
accoûtumé dés leur naiſſance, ils y ſont auſſi
beaucoup moins ſenſibles que nous.

Pour endurcir leurs Enfans au froid, dés
qu'ils ſon nez, ils les plongent tous, ſans
en excepter aucun, l'Eté dans de l'eau froi-
de & l'Hiver dans la neige. Cela ne manque pas de les endurcir d'une telle maniére,
qu'il ne ſe trouve point de Peuple en aucun
lieu, qui ſuporte plus facilement, que celui-
là, les injures du tems, & toutes autres incommoditez.

Cette Nation eſt diviſée en trois ſortes de
Peuples. Les premiers ſe nomment *Kunny-
tungunſy*. Ils ſe ſervent de Chevaux. Les
ſeconds ſont les *Alenny*, qui vivent de bêtes
ſauvages; & les troiſiémes les *Sobaltzy*, qui
ménent une vie de chien.

Les Dieux qu'ils ſervent ſont de bois, &
d'une figure trés mal faite. Chacun d'eux
a pour Patron ſa propre Idole, qui, ſuivant
qu'il ſe l'imagine, eſt la cauſe de tous les
biens

biens & de tout le bonheur qui lui arrivent. L'une de ces Idoles leur fournit la venaiſon & le gibier; l'autre leur procure les Martres Zebelines & toutes ſortes de foürures, une troiſiéme les fait réüſſir dans la pêche, & enfin une autre leur envoie quelque autre choſe.

Que ſi aprés avoir adoré un de ces faux Dieux, ils ne réüſſiſſent pas à la chaſſe, ou à la pêche, & qu'ils aient le malheur de ne rien prendre du tout, ils ſe ſaiſiſſent de ces mêmes Dieux imaginez & les tiennent ſuſpendus entre le Ciel & la Terre, juſques a ce qu'ils aient le bonheur de réüſſir. Ont-ils fait une bonne priſe, il faut voir de quelle maniére ils regalent l'Idole qui preſide ſur la chaſſe, ou ſur la pêche. Ils la ſervent alors de leurs viandes les plus délicates, qu'ils poſent devant elle, & qu'ils lui portent même à la bouche. Peut-on voir une ſemblable folie, & l'aveuglement de ces Peuples, ſans être ſaiſi d'étonnement?

S'il arrive que cinq ou ſix *Tungules* habitent l'un auprés de l'autre, car autrement leurs cabanes ſont diſperſées çà & là, ils entretiennent tous enſemble un *Schaman*, ce qui parmi-eux ſignifie un Prêtre, ou un Magicien. Toutes les fois qu'ils s'aſſemblent vers lui, on le voit revêtu d'un habit garni de ferraille, du poids de plus de deux cents

li-

livres, avec toutes fortes de figures Diaboli-ques, qui repréfentent des Ours, des Lions, des Serpens, des Dragons, & plufieurs au-tres chofes effroyables.

Ce fut avec le dernier étonnement que nous vimes & maniâmes cet habit. Ce *Schaman*, orné de la maniére que je viens de le dire, prend un long tambour, fur lequel il frape coup fur coup, & ce bruit tout à fait defagreable, accompagné des hurlemens horribles que ces Perfonnes font, produit une mufique propre à donner de la frayeur. Si c'eft par coûtume que ces gens hurlent de cette maniere, ou fi quel-que autre motif les y oblige, c'eft une chofe dont nous ne pûmes pas être inf-truits.

Cependant il eft certain que les Spectres hideux les Corbeaux & autres Oifeaux é-tranges & de mauvais augure, qui fe pre-fentent alors, ne contribuent pas peu aux hurlements & aux cris épouvantables de ces malheureux. Tandis qu'ils continuent de la forte, le *Schaman* tombe à la ren-verfe, comme s'il avoit perdu l'efprit, & c'eft alors qu'ils lui rendent les honneurs comme à un Saint.

Bien que les *Tungufes* vivent dans une extréme mifere & pauvreté, ils ne laiffent pas néanmoins d'avoir plufieurs femmes.

La

La plûpart en prennent six, huit, dix douze, & pour chacune d'elles, ils faut qu'ils donnent au Pere dix *Rennes* & quelquefois quinze, de sorte que la plus grande richesse d'un homme en ce Pays-là, est d'avoir plusieurs filles.

Voici une autre coûtume abominable, qui se pratique parmi cette Nation. Lorsque quelqu'un d'eux est obligé de prêter serment, il faut qu'il le fasse de cette maniere. On ouvre la veine à un chien, sous la jambe de devant au côté gauche; aprés quoi celui qui prête serment en succe le sang jusques à ce que cet Animal par l'épuisement de ses veines, soit contraint de mourir.

Ils n'enterrent pas leurs morts, mais ils les pendent à un arbre, où ils les laissent pour y être consumez. Quelque miserable & malheureuse que soit la vie des *Tunguses*, ils croient pourtant que leur condition est la plus heureuse de toutes celles des autres Peuples, sur tout en ce qu'ils ne font point de juremens & ne disent des injures à Personne. Lors qu'ils se mettent en colere contre quelqu'un, le plus grand mal qu'il lui souhaite, c'est qu'il puisse être obligé d'habiter parmi les Russes, de labourer un Champ, ou de faire quelque autre chose semblable.

E 5

Le

Le 21. du mois de Janvier nous partimes du village de *Kafma*, & nous nous mimes fur ·la Riviére de *Tunguska*, dont les terres voifines font remplies d'habitans. Nous laiffames en fuite cette Riviére à main droite, & nous arrivames fur un petit Fleuve, nommé *Ilimsko*, le long duquel on trouve auffi beaucoup de peuple.

Le 25. nous nous rendimes à la petite Ville d'*Ilimskoy*, fituée fur ce même Fleuve. Elle eft toute entourrée de hautes montegne, au milieu defquelles elle fe trouve placée, comme au centre.

Le 27. nous partimes de-là, pour continuer nôtre route au travers d'une forêt épaife, dont le chemin fe trouva fort mauvais, ce qui fut caufe que nous employames trois jours & trois nuits à la traverfer. Au fortir de cette Forêt, nous nous mimes fur l'*Angera*, Riviére qui arrofe un pays affez peuplé. Car de cette Riviére jufques à *Irkutskoy*, on trouve les *Oftrogues*, c'eft à dire Ifles & Villages, favoir *Balagansko*, *Kamerka*, & plufieurs autres.

Les *Bratskoys* qui habitent cette contrée font une forte de Mongales; Ils vivent fous l'obéïffance de Sa Majefté Czarienne, à laquelle ils payent tous les ans le Tribut. Depuis *Jenokisko* jufques à *Irkutskoy*, & tout à l'entour, on prend en Automne & au commen-

ce-

cement de l'hiver, quantité de bêtes fauvages; des Martes, des Renards, & plufieurs
autres Animaux de differentes fortes. On
trouve fur tout au Païs de *Jenokisko*, plufieurs Renards noirs d'une trés grande beauté, & d'une rareté finguliere, qui valent à
vingt cinq & jufques à trente *Rubels* la piece.

Le 11. du mois de Fevrier, nous arriva-
vames à la Ville de *Irkutskoy*, fituée fur la
Riviére d'*Angera*, où nous fejournames,
pour de certaines raifons trois femaines.
Nous y fumes fouvent regalez par le *Knez*
Jean *Petrowitz Gargaren* Gouverneur de la
Place. Je vis chez lui un *Mongale* qui paffoit
pour faint. Il prioit fans cefle à fa maniére,
grommelant entre fes dents, & tenant un
chapelet de corail rouge, qu'il comptoit toûjours avec tant d'affiduité, qu'il en avoit mal
aux doigts.

Le 15. Monfr. l'Envoïé depecha un Courier à la premiere Ville Frontiere de la Chine, nommée *Naun*, pour y faire fcavoir
nôtre arrivée.

Le 9. de Mars nous partimes d'*Irkuft-
ky*; Le Gouverneur & les Principaux Habitans de la Place nous conduifirent jufques au premier Village, où tous enfemble nous paffâmes la nuit à nous bien divertir. Le lendemain au matin, nous nous

fe-

feparâmes, & ayant pourfuivi nôtre route, nous découvrimes ce même jour 10. le Lac de *Baikal*, d'où l'*Angerie*, Fleuve fort rapide, tire fa fource.

Pendant tout cet hiver, ce Fleuve demeura entiérement ouvert & ne gela point, depuis *Irkuftkoy*, jufques à fa fortie du Lac. On compte de cette Ville au même Lac, fix lieuës d'Allemagne, & c'eft jufques-là que s'étend la Siberie, Royaume trés vafte.

Le Lac de *Baikal*, a quatre journées de Chemin de longueur, mais pour fa largeur, nous la traverfâmes fur des traineaux, en fix heures de tems. Le trajet en eft fort dificile en Eté, & l'on ne fcauroit le faire fans danger. Les Gens qui habitent-là autour, ont cette folle penfée, que ceux qui l'appellent *Ofer*, c'eft à dire eau dormante, ne fcauroient le traverfer, fans un peril extreme, mais que ceux qui lui donnent le nom de *Mor*, qui fignifie Lac, n'ont rien à craindre.

Le 11. nous dinâmes fur ce Lac, aprés avoir, le foir auparavant, laiffé derriére nous fix Cabanes, & côtoyé toûjours depuis l'entrée. Prés de ces Cabanes, nous vîmes fur un arbre un mouton & une chevre égorgez, la tête tournée vers le Ciel. Nous aprimes dans la fuite que les Habitans du

Païs

Païs avoient fait au Ciel un facrifice de ces Animaux. Je fis mon poffible pour m'inftruire de la Religion de ces Peuples, mais tout l'éclaircifiement que j'en pus tirer fut, que tous les ans ils font au Ciel une ofrande de ces mêmes bêtes ; & qu'ils reconnoiffent un Creâteur du Ciel, & de la Terre. Ils adorent auffi le Soleil devant lequel ils fe profternent. Ils ont beaucoup de foin d'élever du beftail, & fur tous des Chameaux, que l'on trouve chez-eux en grande quantité, & qui font achetez par les voïageurs des Caravanes, qui vont à la Chine.

Ce même foir, nous abordâmes le rivage, & ayant pris terre, nous nous rendimes prés de-là à un Cloitre, où commence la Province de *Daure*, trés beau Païs, & d'une fort grande étenduë.

Le 12. nous quittâmes ce Cloitre, & nous nous rendîmes dans la fuitte à deux Bourgs, dont l'un fe nomme *Kabanja*, & l'autre *Bofkofaimfcko*. Ce font deux petites Places, que les Habitans, peu de tems avant nôtre arrivée, avoient fortifiées, pour fe garantir des courfes des *Mongales*.

Le 29. nous apperçûmes *Oftrogudiskoy*. A trois *Werftes* de cette Place, le *Prickaske*, qui eft un Commandant, vint avec une Efcorte de cinquante Cofaques, dont la marche

che

che étoit magnifique, au devant de Monſieur l'Envoyé, qui fut reçu au bruit d'une triple décharge du Canon. On a fait, depuis environ ſix années, une Ville habitée de cette Place, qui eſt comme la Clef de la Province de *Daure*. On voit le Château, ou la Fortereſſe, qui eſt de Bois, ſituée ſur une haute Montagne, d'où les Habitans ſe défendent vigoureuſement contre les *Mongales*, dont ils ſont ſouvent obligez de ſoufrir de cruelles inſultes.

Nous y ſéjournames trois ſemaines, que nous employâmes, de même qu'à *Irkutsko*, à acheter des Bêtes de charge, pour porter nos Effets. Nous donnâmes pour châque Chameau dix à quinze *Rubels*, & quatre, cinq, juſques à ſix, pour chacun des Chevaux. Nous fîmes auſſi proviſion de Bœufs, que l'on tua pour nous de lieu à autre, pendant tout nôtre Voïage dans la Chine.

Comme c'eſt-là que commence un fort grand Déſert, nous eûmes ſoin de nous fournir de toutes les choſes néceſſaires, & aprés avoir tout emballé, nous en chargeâmes nos Chamaux, & nos Chevaux de ſomme. Un Chameau portoit treize, quatorze, ou quinze *Pudes*, c'eſt-à-dire, autant de fois le poids de quarante livres, & un Cheval ſix *Pudes*, & cela en deux balots;

ſça-

fçavoir un de chaque côté.   C'eſt de cette
maniére que nous partîmes le 6. d'Avril
d'*Oſtrogudinskoy*, pour continuer nôtre route.

CHAPITRE VIII.

Trajet extrèmement dangeréux , & où il n'y a
aucune ſureté.   Caravane de l'Ambaſſade.
Le nombre des perſonnes qui la compoſoient.
Accidens fâcheux.   Plus de cent Chevaux
périſſent par la faim , & cette perte eſt cau-
ſée par la méchanceté des Mongales, & des
Tunguſes.   Le Lac de Jerawena. Chaſſe
de Martres Zebelines.   On achette là de
trés-belles & trés-rares Fourures de ces Ani-
maux.   Vaſte Déſert.   Seconde perte conſi-
dérable de Chevaux.   Le Lac de Schacks-
oſer.   La Riviére d'Annir.   La Ville de
Nertzingskoy, derniére Place, appartenant
à Sa Majeſté Czarienne.   Les Coſaques y
ſont fort riches.   Déſert de Tartarie. Voia-
ge de huit ſemaines par ce même Déſert.
Diverſes Avantures.

COmme les Lieux que nous avions à traverſer, étoient extrémement dangereux

& fort mal fûrs, on n'ofoit y paſſer que bien accompagné. Pour ce qui eſt de nôtre Caravane, elle étoit de cent vingt perſonnes. Nous avions un grand nombre de chameaux & de chevaux, avec quatre cents chariots, qui pendant la nuit nous ſervoient de rempars, & autour deſquels nous faiſions bonne garde.

C'eſt ainſi que nous employames trois ſemaines à traverſer les Déſerts, & ce trajet nous fut d'autant plus penible & plus fâcheux, que nous manquions ſouvent d'eau, mais bien que nos Bêtes ſoufriſſent extrêmément de cette diſette, & que les Perſonnes mêmes en fuſſent fort incommodées, ce ne fut pas néanmoins nôtre plus grand mal, nous en eûmes un autre à ſupporter beaucoup plus ſenſible, & qui nous fut cauſé de la maniére que je vais le raporter.

Les *Mongales*, de même que les *Tunguſes*, qui ſont réduits ſous l'obéïſſance de Sa Majeſté Czarienne, irritez de voir qu'ils ne pouvoient ſe ſaiſir d'aucuns de nos Chevaux, eurent la malice de brûler & conſumer entiérement ſur nôtre route, le foin ou l'herbe ſéche, qui en ces Lieux-là, ſert de pâture aux Chevaux & aux Chameaux. Et comme nous n'avions pas fait proviſion de Fourage, dans la penſée que nous trouverions par tout de cette herbe, nous eûmes le chagrin

grin de voir périr plus de cent de nos Chevaux, qui moururent de faim. Ce fut une grande joie pour les *Mongales*, qui dés qu'ils nous voioient décampez, se jettoient sur ces chevaux morts, & bien qu'ils fussent déja corrompus, ils ne laissoient pas d'en manger avec autant d'avidité & d'appetit, que si c'eût été la meilleure venaison du monde.

Pour nous, au contraire, nous étions dans une afliction d'autant plus grande, que les Chevaux qui nous restoient, étant extrémément fatiguez & si maigres, que les os leur perçoient la peu, nous ne pouvions avancer que fort lentement.

Les *Tunguses*, qui se tiennent dans ce Désert, ont la même Religion que les *Bratskoys*; mais ils ont de plus la coûtume de jetter dans la fosse de celui qui meurt, ce qu'il possedoit de plus precieux. Ils conduisent aussi sur une haute montagne ceux qui sont dans un âge extrémement avancé & décrepit, où ils les brulent, & mettent en suite sur la fosse, où reposent leurs cendres, le meilleur de leurs chevaux, qui tient ferme à un pieu.

Le 24. & le 25. du mois d'Avril, nous passames à la droite auprés d'un Lac nommé *Jerawena*. La longueur de ce Lac est de 4. lieuës d'Allemagne, & sa largeur de trois. On y trouve toutes sortes d'excellents poissons.

fons. Ce fut prés de-là que le Courrier que Monfieur l'Envoyé avoit depeché à Môfcou, nous rejoignit avec des ordres favorables, & de bonnes nouvelles.

Le 26. nous arrivames à une petite Place, nommée *Jerawena*, où nous achetames des chevaux, mais en petit nombre, parce qu'ils y font rares.

Il faut remarquer ici qu'à vingt ou trente journées de chemin de *Jerawena*, on prend les plus belles Martres Zebelines, qui fe puiffent trouver en aucun lieu. Les Cofaques de *Jerawena* vont tous les ans à cette chaffe, & ils y demeurent trois ou quatre mois fans retourner chez-eux. Ils fe fervent pour cela de longs & larges Patins, avec lefquels ils vont fur la neige avec autant de viteffe & de legereté, qu'un oifeau qui vole. Les *Lappons* & autres Nations du Nord, fe fervent de femblables Patins. Ils font de la longueur de fept ou huit piés, & de la largeur d'un tiers de pié. Pour ce qui eft de la forme, ils font fait comme les nôtres, mais il y en a un des deux, plus long d'un pié que l'autre. Sur le derriére il y a une concavité où repofent les piés de ceux qui chauffent ces Patins, qu'on attache fortement aux fouliers. Ils vont avec cela d'une viteffe incroyable fur la neige, non-feulement en raf campagne, mais même au plus haut des mon
tagnes

tagnes; qu'ils montent & defcendent. Lors
qu'ils montent ils ne vont pas en droite ligne,
mais continuellement en rond.

Nous vimes chez ces Cofaques de *Jerawena* des Martres Zebelines d'une beauté fi
rare, que nous ne pumes pas nous empêcher
d'en acheter quelques-unes; Nous en donna-
mes du couple huit, dix, douze, feize &
vingt cinq *Rubels*, & même cinquante, fuivant la beauté de ces fourures.

Le 28. nous nous remimes en chemin , &
arrivames à un autre grand Défert, pas tout à
fait fi uni que le premier, mais rempli de
tout côté de bois que nous fumes obligez
de traverfer.

Le 29. nous continuames à cheval nôtre
Voyage dans ce Défert par la Riviére d'*Uda*,
qui non loin de-là, tire fa fource d'un Marais. Elle a en cet endroit environ trois
braffes de largeur.

Comme les *Mongales* continuoient à mettre le feu à l'herbe feche; nous perdions
tous les jours plufieurs de nos chevaux, qui
mourroient faute de nourriture & qui enf
fuite dévenoient la proïe de ces Peuples
nos Ennemis. Cette mifere dura fi long-
temps; que nos vivres commencerent enfin
à diminuer de telle forte, qu'il nous en
refta trés peu.

F 2

C'eft

C'eft ce qui obligea Monfieur l'Envoyé à faire partir en diligence dix perfonnes, pour aller dans les plus proches villages nous chercher des chevaux frais. Ils s'aquiterent avec beaucoup de promtitude de cette commiffion; car étant arrivez le 3. de Mai de bon matin prés d'un Lac nommé *Schackfofer*, qui a quatre *Werftes* de longueur & deux de largeur, nous y trouvames des chevaux toût frais.

Comme il y avoit là de bon fourage pour nos chevaux & nos chameaux, nous nous y arretames, jufques à ce qu'ils fuffent un peu rétablis.

Le 5. nous continuames nôtre route, laiffant ce Lac à la gauche. Le lendemain 6. nous laiffames un autre Lac auffi à la gauche, & ce même jour aprés midi nous fortimes, par la grace de Dieu, de ce grand Défert, aprés avoir employé un mois à le traverfer. Nous arrivames donc à une certaine Place, nommée *Plotbus*, où il n'y avoit que fix maifons. La petite Riviére de *Schita* coule tout auprés de ce lieu, qui n'étoit habité que depuis fort peu de tems

Le 15. nous partimes de *Plotbus* pour *Nertzingskoy*, & nous fimes le voyage par eau fur des Radeaux. A une *Werfte* de-là, la Riviere de *Schita* tombe de même que celle d'*Onnon*, dans l'*Ingueda*, qui fe nomme alors
Schilcka.

Schilcka. l'*Argun* y entre auſſi en ſuite, & de ces Riviéres ſe forme l'*Amur*, Fleuve celebre, qui ſe decharge dans l'*Océan*.

Le 20. nous arrivames à *Nertzingskoy*, là derniere des Places qui appartiennent à Sa Majeſté Czarienne, auſquelles il faut encore joindre *Argun*, Place fort petite, à huit journées de chemin de *Nertzingskoy*.

La Ville de *Nertzingskoy* eſt ſituée ſur la Riviére de *Nertza*. Prés de ſix mille *Tunguſes*, ſoumis à Sa Majeſté Czarienne, habitent autour de cette Place, & ce ſont-eux, qui pour la plus grande partie, l'ont fortifiée. On prend aux environs de-là, un grand nombre de Linx, de Martres Zebelines, & d'autres animaux ſemblables. Les Ecureuils qui ſe trouvent là autour, ſont entiérement d'un verd obſcur, & les Chinois les eſtiment comme une choſe fort rare.

Nous fûmes obligez de ſejourner plus de deux mois dans cette Ville, attendant que nos chevaux fuſſent en partie rétablis par la nouvelle herbe qu'on leur fit paitre.

Les Coſaques qui y habitent, ſe ſont beaucoup enrichis par le negoce, ayant la liberté de trafiquer à la Chine, ſans payer aucuns Droits.

Comme nous avions à traverſer un fort grand Déſert, qui commence là, nous eumes le ſoin de nous pourvoir de toutes les

F 3

cho-

chofes neceffaires , & fur tout de bœufs, que l'on conduifoit par troupeaux , & que l'on tuoit à mefure que nous en mangions chaque jour. Nous prîmes auffi cinquante Cofaques pour nous fervir d'efcorte de lieu à autre , dans la Chine ; & Monfr. l'Envoyé nomma les Oficiers, qui durant la marche, devoient commander , tant les Ruffes, que les Marchands , qui fe trouvoient à nôtre fuite.

Avant nôtre Départ , deux Cofaques arriverent *à Nertzingskoy* , avec des lettres du Courier *Offdokim André Kurdikoff* que Monfr. l'Envoyé avoit dépêché d'*Irkutskoy* à *Naun* premiere Ville Frontiere de la Chine. Ces lettres portoient qu'on n'avoit pas voulu permettre à ce Courier de paffer jufques à *Pekin* , lieu de la Refidence de l'Empereur de la Chine , mais qu'il avoit été obligé de remettre fes lettres à *Naun* , les quelles avoient été envoïées fur le Champ à *Pekin*. Qu'il étoit arrivé en fuite à cette prémiere Place, un grand Seigneur Chinois , avec une fuite confiderable, pour y attendre Monfr. l'Envoïé.

Que ce Seigneur Chinois ayant fait d'abord venir le Courier devant lui , il lui avoit demandé pourquoi Monfieur l'Envoyé étoit depeché à fon *Kam - Hi Ammalogda Chan ?* A quoi le même Courier avoit repondu

pondu que c'etoit une chofe qu'il ignoroit, & que quand même il la fcauroit, il ne lui étoit pas permis de la découvrir en aucune maniére.

Le Chinois demanda encore , fuivant le raport de ces lettres, de quelle Charge Monfr. l'Envoyé étoit pourvû à la cour de Sa Majefté Czarienne, & de quel Païs il étoit. Le Courrier repondit à ces demandes, qu'il ne pouvoit pas en être inftruit, parce qu'il n'étoit à fon fervice que depuis fort peu de tems, n'y étant entré qu'à *Irkutskoy*, d'où il l'avoit d'abord depeché à *Naun*, qu'il avoit néanmoins ouï dire que Monfr. l'Envoyé étoit natif d'Allemagne , & qu'il fe tenoit continuellement à la Cour de fa Majefté Czarienne, où il étoit en grande eftime & confideration. Il pria enfuite ce Seigneur Chinois, de ne lui plus faire de femblables demandes , parce qu'il ne pouvoit ni ne vouloit fatisfaire là deffus fa curiofité.

Le 18. de Juillet fur le foir nous partîmes de *Nertzingskoy*, avec toute nôtre Caravane , qui confiftoit en quatre cents perfonnes, & cette même nuit nous nous rendîmes vers la Riviére de *Schilka*, que nous traverfâmes. Nous demeurâmes trois jours prés de cette Riviére pour attendre que les Perfonnes de nôtre Caravanne, fuffent toutes affemblées. Cependant Monfr. l'Envoïé

F 4

dépe-

dépecha un fecond Courrier, nommé André *Avonas Krukoff*, à Mofcou pour fa Majefté Czarienne.

Il fe trouva dans nôtre Caravane plufieurs Gentilshommes & Marchans, qui étoient venus nous joindre de divers lieux de la Mofcovie & de la Siberie, pour aller negocier tôutes fortes de fourures & autres Marchandifes à la Chine.

On ne diftribua à chaque perfonne que trente livres de bifcuit, ce qui ne fe fit point par aucune avarice de Monfr. l'Envoïé, car nous étions affez bien pourvûs de toutes chofes, pour pouvoir diftribuer de la provifion, mais feulement afin de menager la voiture. Chacun dévoit garder ces trente livres de bifcuit, & faire en forte qu'elles duraffent pendant tout le Trajet du Défert de Tartarie, auquel nous employames huit femaines. Pour ce qui eft de la viande, celle que nous mangions ordinairement tous les jours, étoit le bœuf, fi ce n'eft que quelquefois on nous donnoit pour changer, du Chevreuil.

Depuis la Riviére de *Schilka*, nous fîmes trois journées de chemin au travers d'une épaiffe Forêt, fort inégale, & remplie çà & là de grands Marais. Les trois journées fuivantes nous traverfâmes une Plaine déferte, & deux autres journées de fuite, nous

pafpaſſâmes par des bois, aprés quoi nous traverſâmes une Riviére nommée *Samur*, qui ſe décharge dans celle de *Schilka*. La nuit nous dreſſions nos Tentes, au nombre de plus de cinquante.

Il faut remarquer qu'en ces lieux-là le voïage ne ſe fait pas par chariots, ou par quelque autre commodité, mais que tout ce qu'on a ſe charge ſur des Chameaux, ou ſur des chevaux. Depuis la Ville de *Nertzingsky*, juſques à *Naun*, premiere Ville frontiére de la Chine, on donne pour chaque *Pude*, ou poids de quarante livres, dix Riſdales de voiture.

Avant que de pouvoir nous rendre de-là, à la Ville d'*Argun*, que nous venons de nommer, nous eumes quelques jours en ſuite beaucoup de peine à traverſer de grands Marais, qui ſe trouverent ſur nôtre route. Cependant toute la Caravane ayant pris ſur la droite juſques à la Riviére d'*Argun*, nous nous trouvâmes enfin à la Ville de ce nom, ſituée ſur cette même Riviére.

Ce Fleuve fait proprement la ſéparation des Frontiéres de ſa Majeſté Czarienne, d'avec celles de l'Empereur de la Chine, & *Argun* eſt la derniére Place de la Province de *Daure*, ſoûmiſe aux Moſcovites.

Le 7. du mois d'Aouſt, nous retournâmes à nôtre Caravane, & nous demeurâmes

 deux

deux jours à attendre que tout fut preſt pour traverſer la Riviére. Il y a quelques années qu'une aſſez grande étenduë de Païs, ſitué le long de la célébre Riviére d'*Amur*, étoit ſous la domination des Moſcovites. Mais, *Fœdor Alexowitz Gollawin*, qui en 1689. étoit Ambaſſadeur de Moſcovie à la Chine, reçut ordre de ſa Majeſté Czarienne de céder par accord aux Chinois ce Païs-là, qui comprend *Albaſin*, Place trés-forte & célébre, afin d'ôter par ce moïen tous les ſujets de Guerre, qu'il pouvoit cauſer.

Ce fut ici que les Courſes des *Mongales* rendirent nôtre Voïage dangereux & les chemins par-où nous devions paſſer, fort mal ſurs. Nous fûmes obligez de faire continuellement la Garde, tant autour de nos Tentes, qu'autour de nos Chevaux & de nos Chameaux, ſur leſquels ils formoient leurs deſſeins, plû-tôt que ſur les Perſonnes. Auſſi font-ils conſiſter leur plus grande adreſſe à ſçavoir enlever les Chevaux de ceux qui voïagent. Ce ſont autrement des Gens pareſſeux, lâches, & de ſi peu de courage, qu'un Soldat bien armé, ſufit pour en mettre dix en fuite, ſans qu'ils oſent hazarder de faire la moindre reſiſtance.

CHA-

CHAPITRE IX.

*Divertiſſement de la Chaſſe dans le vaſte Dé-
ſert de Tartarie. Chevreuils ſi apprivoiſez
qu'ils ſe laiſſent prendre avec la main. La
Riviére de Gann, qui ſe trouve fort enflée.
Bac fait de peaux de Bœuf pour la traverſer. Grand danger. Paſſage de quelques
Riviéres. Caravane de Ruſſes retournant
de la Chine, rencontrée par celle de Monſieur l'Envoyé. Diverſes Avantures. Arrivée aux premiéres Gardes de la Chine.
Coudriers, ou Noiſetiers d'une autre eſpéce
que ceux qui croiſſent en Europe. Les Tar-
gurtſchmi, Nation Païenne, ſoûmiſe à
l'Empereur de la Chine. Monſieur l'Envoyé eſt regalé par un Adogeda Chinois. La
Converſation qu'ils eurent enſemble. En
quelles viandes conſiſtoit le repas, & de quelle maniére on y mangea. Proviſions fournies
à Monſieur l'Envoyé, & aux Gens de ſa
Suite. Les Perſonnes de l'Ambaſſade ſe
voient avec peine privées de pain. Des Habitans de Naun. De l'abominable Culte
d'adoration qu'ils rendent au Diable. Pré-
ſents de Monſieur l'Envoyé à l'Adogeda.*

Mo n-

MOnsieur l'Envoyé dépêcha du lieu où nous étions, quelques Cosaques à *Naun*, où il avoit déja envoyé un Exprés, comme nous l'avons dit, & ces Cosaques eurent ordre de demander qu'on tint des relais sur nôtre route.

Le plus grand divertissement que nous prenions tous les jours dans le Désert de Tartarie, étoit celui de la chasse des bêtes sauvages. Il s'y trouve sur tout une prodigieuse quantité de chevreuils, si apprivoisez que nous n'avions pas besoin d'armes à feu pour les tirer, vû qu'ils se laissoient prendre avec la main.

Le Lecteur aura peut-être de la peine à croire ce que je raporte; mais je puis l'assurer que je n'avance rien qui ne soit trés-véritable. Ces Animaux, étoient si peu farouches, que quelques-uns sautérent par dessus les Chariots qui entouroient nôtre Camp, & nous en prîmes un de cette Troupe.

La Riviére de *Derbu*, qui se rend dans celle d'*Argun*, est à quatre journées de chemin de la Ville de ce nom.

Le 15. d'Aoust, nous arrivâmes vers la Riviére de *Gann*, qui est couverte de quantité de Bateaux, qui vont & viennent. Les Chevaux & les Chameaux la passe, pour
l'or-

l'ordinaire facilement à gué avec leur charge, quelque pesante qu'elle soit; mais alors les pluïes continuelles l'avoient tellement enflée, que nous n'osâmes pas nous hazarder à la traverser de cette maniére. Cependant comme nous ne pouvions pas nous arrêter long-temps en ce lieu-là, nous songeâmes aux moyens de construire un *Bac*; mais comme le bois nous manquoit, nous-nous avisâmes de le faire de la peau des bœufs que nous avions tuez en cet endroit-là. De plus, nous ramassâmes tout le bois que nous pûmes trouver, & nous en fîmes des Radeaux. Aprés en avoir chargé quatre, nous les fîmes traverser, mais ils ne furent pas plûtôt arrivez au courant, que la rapidité de l'eau les emporta vers le bas de la Riviére, à la distance de plus de deux *Werstes*. Non-seulement nous eûmes toutes les peines du monde de les conduire à l'autre bord, mais nous courûmes aussi un grand danger de la vie.

A l'égard de nôtre *Bac*, nouvellement inventé, il nous réüssit beaucoup mieux que les Radeaux, car nous eûmes le bonheur de le conduire tout droit à l'autre côté de la Riviére. Pour les Chevaux, comme ils n'avoient plus leur charge, on les fit traverser à gué, & il ne s'en perdit qu'un qui se noïa. Nous emploïâmes deux jours à tra-

traverſer ainſi cette Riviére, qui ſe décharge dans celle d'*Argun*.

Le 16. ſix des *Tunguſes*, qui vivent ſous la protection de Sa Majeſté Czarienne, vinrent nous trouver, & nous amenérent cinq Eſclaves *Mongales*, trois garçons & deux filles, qu'ils avoient enlevez à ces Peuples. Ils vouloient nous les vendre, mais comme nous étions ſur les Terres de la Chine, Monſieur l'Envoïé ne voulut jamais nous permettre de les acheter ; autrement nous aurions pû les avoir pour des Chevaux, que ces *Tunguſes* déſiroient avec beaucoup d'avidité, & de cette maniére chaque Eſclave ne nous auroit coûté que quatre ou cinq *Rubels*. Outre ces cinq Eſclaves, ils en avoient vingt autres, qu'ils avoient enlevez de la maniére ſuivante.

Trente *Tunguſes* s'étant aſſemblez, ils formérent le deſſein d'aller attaquer la nuit quinze Cabanes des *Mongales*. Ils exécutérent cette entrepriſe avec tant de bonheur, que ſans perdre qu'un ſeul homme, qui fut percé d'une fléche, ils tuérent cinquante Perſonnes âgées, tant hommes que femmes, & enleverent les jeunes gens auxquels ils voulurent bien donner la vie.

Le 23. nous-nous rendîmes prés d'une petite Riviére, nommée *Kailar*, qui ſe décharge dans l'*Argun* ; & le 24. nous la paſſâmes

mes à gué fur nos Chevaux, aprés avoir mis leur charge fur les Chameaux, qui traverférent auffi de la même maniére.

Le 26. nous traverfâmes une autre petite Riviére, mais qui néanmoins porte Bâteaux, & qui tombe dans l'*Argun*. Ceux qui n'avoient point de Chameaux, la pafsérent à gué fur leurs Chevaux, aprés avoir chargé fur leurs épaules la pefanteur de trois ou quatre *Pudes*.

Le 27. nous laiffâmes derriére nous, la Riviére d'*Unar*, qui fe décharge dans celle de *Saduma* ou *Saduna*.

Le 28. nous rencontrâmes une Caravane de cent cinquante Marchans Ruffes, qui s'étoient rendus l'hiver precedent de *Nertzingsky*, à la Chine, & qui s'en retournoient, avec trois cents Chameaux chargés de marchandifes, mais fans aucuns chevaux. Nous aprîmes avec joie de ces Marchans, que les Chinois attendoient Monfr. l'Envoïé avec impatience.

Nous nous arretâmes deux jours auprés de cette Caravane, qui nous regala de fort bon thé, & comme nous n'avions pour nôtre boiffon que de l'eau, ce thé nous fit grand bien, & nous le bumes avec beaucoup de plaifir.

Aprés nous être féparez, nous continuâmes nôtre route par des collines fort agrea

bles,

bles, & de trés beaux vallons, d'où fort la Riviére de *Jall*, qui à une diftance peu éloignée de fa fource, s'étend & forme un lit propre à porter bateaux.

Le 31. le Courrier *Kurdikoff*, qui avoit été depêché d'*Irkutsko* à la Chine, nous ayant rejoint, il nous aprit, qu'un grand Seigneur Chinois avoit été envoïé de *Pekin*, en qualité d'*Adogeda*, par l'Empereur de la Chine, pour recevoir Monfr. l'Envoïé, & que même il s'étoit deja rendu à *Naun*, où il nous attendoit depuis quelques femaines.

Le 1. de Septembre, l'*Adogeda* depecha un Courrier à Monfr. l'Envoïé pour s'informer de fa fanté & de celles des Perfonnes de fa fuite. Nous le reçumes avec beaucoup d'honneteté, & fur le champ il fut renvoïé. Ce même jour l'*Adogeda*, nous envoya pour la premiére fois, des chevaux frais, & en même-tems dix moutons, du ris, & d'autres provifions pour Monfr. l'Envoïé.

Le 2. nous arrivâmes à la premiére garde de la Chine, qui confiftoit en douze Perfonnes.

Le 3. nous nous rendîmes à la feconde, & le 4. à la troifiéme. Ces Gardes font poftées fur de hautes montagnes, où elles fe tiennent cachées, de forte qu'on ne fçauroit les découvrir, & dés qu'il paffe quelques voïageurs, elles en donnent promtement

ment avis à la ville la plus proche. Par
ce moyen les Chinois sont informez de
tout.

Pendant quelques journées de chemin
nous passâmes par des Bocages, par des collines & par des Valons fort agreâbles, où
nous trouvâmes une certaine espece d'arbre
noir, de même que des Chesnes, dont les
branches sont fort basses, mais qui s'étendent
beaucoup en largeur. Nous y vîmes aussi
quantité de Coudriers, mais d'une autre forme que ceux qui croissent en Europe. Ce
sont de petits arbrisseaux, qui n'ont qu'une
demi aune ou trois quarts de hauteur, & dont
le bois est fort menu. Ils portent une grande quantité de noisettes, que les passans
cueillent, ces Arbrisseaux croissant pour l'ordinaire en pleine Campagne sans être renfer-
mez par quelque cloture.

Au sortir de-là, nous entrâmes dans un Païs
habité par des Peuples Payens nommez *Targutschini*; & soumis à l'Empereur de la Chine. Cette Nation s'applique fort à l'Agri-
culture, cultivant avec beaucoup de soin le
mil, l'orge, l'avoine, le Tabac & autres sem-
blables fruits, que la terre produit en ces
lieux-là.

Comme nous nous aperçumes qu'ils étoient
dans une grande disete de sel, de même que
de certaines autres choses, nous leur en fi-

G   mes

mes diſtribuer. C'eſt proprement juſques ici que s'étend la *Daure*, laquelle eſt fort habi-tée par cette ſorte de Peuple. Les Terres de cette Province, qui appartiennent à ſa Ma-jeſté Czarienne, ne s'étendent, comme nous l'avons dit, que juſques à la Riviére d'*Ar-gun* ; tout le reſte depuis cette même Ri-viére, juſques au Village de *Suttigarsky*, étant ſous l'obéiſſance des Chinois, qui depuis quelques années s'en ſont mis en poſſeſ-ſion.

Le 10. Monſr. l'Envoyé reçût encore quelques exprés de l'*Adogeda*, qu'il renvoya promtement. Les trois jours ſuivans nous continuâmes par des Déſerts, pleins & unis, nôtre route juſques à une des premieres Pla-ces frontiéres de la Chine, où nous trouvâ-mes le troiſiéme jour l'*Adogeda*, qui nous reçut avec une ſuite de cinquante perſon-nes.

Dés que nous fûmes arrivez & logez au Village de *Suttigarski*, l'*Adogeda* invita Monſr. l'Envoyé dans ſa Tente dreſſée devant ſon lo-gis. Aprés y avoir demeuré fort peu de tems aſſis, on nous preſenta dans des taſſes de bois, du Thé bouili au lait avec du miel & du beure, & enſuite toutes ſortes de confitures.

Le 13. Monſr. l'Envoyé fut invité avec toute ſa ſuite à un Regale. l'*Adogeda* ſortit

pour

pour le recevoir, & aprés l'avoir falué &
embraffé avec beaucoup de témoignages d'a-
mitié, il le conduifit avec la main gauche
dans fa Tente. Avant qu'on fervit, ils eurent enfemble une converfation d'environ demi-heure, qui roula fur diverfes chofes. l'*A-
dogeda* s'informa furtout du tems que Monfr.
l'Envoyé, avoit employé à faire. fon voïage
depuis Mofcou, & celui-ci le fatisfit en lui
aprenant qu'il étoit en chemin depuis prés
d'un an & demi, de même que fur la curiofité qu'il eut de fcavoir fon nom.

Enfin les viandes furent apportées fur une
petite Table fans nappe: Monfr. l'Envoyé &
l'*Adogeda* avöient chacun leur plat à part &
nous eumes auffi chacun le nôtre. Ces plats
étoient remplis de porc & de mouton. On
nous aporta enfuite un potage, où l'on avoit
mis de la farine de froment, faite d'une certaine maniére deliée & en long, de forte que
cela paroiffoit comme des boyaux.

Nous fumes long-tems à nous inviter l'un
l'autre à manger de ce mets, maïs nous ne
pûmes jamais en venir à bout, quelques moyens
que nous inventaffions pour cela. Il n'y eut
que les deux Secretaires de l'*Adogeda*, qui
étant accoûtumez à cette forte de viande, la
portoient avec une viteffe fi extraordinaire,
à la bouche, que nous prenions un fingulier
plaifir à les voir manger de la forte.

Ils

Ils avoient pour cela deux petits batons, avec lesquels ils se remplissoient la bouche d'une partie de ces boyaux faits de farine, laissant tomber l'autre dans le plat, sur lequel ils tenoient la tête panchée. Ces petits batons, dont les Chinois se servent au lieu de Couteaux & de fourchettes, sont tout à fait minces, & environ de la longueur d'un empan. Ils sont ordinairement faits de bois d'ebene, d'ivoire, ou de quelque autre matiére dure, & garnis au bout, du côté qu'ils prennent les Viandes, d'argent ou d'or. Les Chinois sont si adroits à manger avec ces batons, qu'ils ne touchent jamais leurs mets avec les doits.

Aprés qu'on eût ôté les plats de devant nous, on presenta à l'*Adogeda* deux tasses d'argent pleines d'eau de vie. Il en donna une à Monsr. l'Envoyé & retint l'autre pour lui. Pour nous, on nous versa de cette même eau de vie dans de petites tasses de porcelaines, & l'on nous obligea à les vuider tout d'un coup, aprés quoi on couvrit la table de toutes sortes de dragées & de Confitures, mises dans des vaisseaux de bois.

Le lendemain 14. Monsr. l'Envoyé regala à son tour l'*Adogeda*, & nous remarquâmes alors, que les Chinois étoient plus étonnés de la maniére avec laquelle nous prenons

nos

nos répas, que nous n'avions été surpris de les voir manger comme ils mangent.

Aprés le répas Monfr. l'Envoyé demanda à l'*Adogeda*, des Gens pour nous conduire dans nôtre route, & le pria de donner ordre qu'on nous y tint des relais autant que nous en aurions befoin, ce qui lui fut accordé. Nous étions cependant fort bien accommodez, l'*Adogeda* ayant foin de nous faire donner tous les jours des moutons & d'autres viandes, à proportion des perfonnes; mais comme les Chinois de même que les autres Peuples Afiatiques, ne fcavent ce que c'eft que le pain, ce fut avec bien du déplaifir que nous nous en vîmes privez.

Les Habitans de la Ville de *Naun* fituée à une lieuë d'Allemagne du Village de *Suttigerski*, habitent dans de belles maifons, dont les appartements font fort propres. Ils ont leurs Terres labourables, leur Plantages, leur Tabac, & autres chofes femblables. A l'égard de leur Religion, elle confifte toute à adorer le Diable, ce qu'ils font la nuit avec un fi grand tumulte, & des hurlemens fi horribles, qu'un Chrétien ne peut pas s'empêcher d'en être faifi d'horreur & d'épouvantement.

Le 16. de Septembre, Monfieur l'Envoyé fit un prefent a l'*Adogeda* de 10. Martres Zebelines, de 50 Hermines, de cinq aunes de

drap

drap noir, d'un trés beau miroir, dont le quadre étoit doré, d'un autre miroir, dont le quatre étoit noir, d'une bouteille remplie d'une eau toute particuliere, de quelques pieces de cuir doré, de trois dents de Baleine, & de quelques-unes de ces machines d'Augsbourg, d'une rare invention, comme celle dont nous venons de parler.

Au commencement l'*Adogeda* ne voulut point accepter ces presens, & s'en defendit beaucoup, mais enfin il les reçut pour témoigner l'estime qu'il faisoit de Monsieur l'Envoyé. Nous aprimes depuis que l'Empereur de la Chine fait à ses sujets, qui sont dans les charges, de severes defenses de prendre aucun present, & c'est ce qui les rend beaucoup reservez là-dessus. Néanmoins quand on les presse, & que la civilité les oblige de prendre ce qu'on leur ofre, ils recompensent sur le champ ce present, par un autre, qui vaut le double de celui qu'on leur à fait.

Le 21. on apporta à Monsieur l'Envoyé de la part de l'*Adogeda* six tables couvertes de confitures de la Chine, avec deux cruches d'eau de vie.

Le 23. Monsieur l'Envoyé fut, pour la seconde fois, regalé par l'*Adogeda*, qui le lendemain 24. fut aussi regalé par Monsieur l'Envoyé.

CHA-

CHAPITRE X.

*Départ de Suttigarsky. De la maniére hon-
nête avec laquelle les Chinois reçoivent les
Etrangers. De la matiére qu'ils brulent au
lieu de bois dans les Cabanes , pour y cuire
les viandes. Trajet d'un Défert , où l'on
manque d'eau. Bêtes fauvages dans ce mê-
me Défert. L'Auteur s'égare de la Caravane. La Riviére de Cafumur. Villes dé-
fertes & ruinées depuis le temps d'Alexandre le Grand. Colomnes de pierres avec de
petites Cloches, qui rendent un fon fort agréable. Statuës de Pierre. De divers Animaux.
L'adreffe des Chinois à tuer ces Animaux à
la Chaffe à coup de Fléche. Chemin par des
Rochers, taillé dans le Roc. Tigres , Pantéres , Leopards. Pourceaux de la Chine.
De la Religion des Mongales. Penfée fole,
ou imagination ridicule qu'ils ont à l'égard
de Dieu. Muraille de la Chine de la longueur de trois cents lieuës d'Allemagne. Defcription de cette Muraille. Temples d'Idoles , bâtis même fur des Montagnes , au haut
defquelles une perfonne peut à peine grimper.
De l'horrible Figure des Idoles, que ces Peu-*

ples

ples adorent. Arrivée de l'Ambaſſade à Galgan. Comédie Chinoiſe, repréſentée pour Monſieur l'Envoyé.

NOus ſejournames plus de quinze jours au Village de *Suttigarski*, pour y attendre les attelages, qui ne purent pas nous être fournis plus promptement. Ce fut donc le 29. de Septembre jour de la Saint Michel que nous en partimes, chaque Perſonne n'ayant qu'un Chariot tiré par des bœufs, & un Cheval de ſelle, à la reſerve des Officiers, auxquels on avoit fournis deux, trois, quatre, & même ſix chariots.

Nous arrivâmes ce même jour ſur le ſoir, à un petit Village, où nous paſſâmes cette premiére nuit, & la ſuivante nous couchâmes à un autre petit Village, aprés avoir encore traverſé un grand Déſert.

Je ſuis obligé de dire ici à la loüange des Chinois, qu'ils accüeillent & reçoivent fort bien les Etrangers. C'eſt un témoignage que nous pouvons leur rendre avec beaucoup de juſtice ; Car dans les fréquents Déſerts que nous étions obligez de traverſer, on dreſſoit tous les ſoirs ſans manquer, d'eſpace en eſpace, un grand nombre de Cabanes, qu'on avoit eu ſoin d'y faire tranſporter, & dans leſquelles nous repoſions pendant la nuit,

Les

Les Lieux, d'où l'on transporte là ces Cabanes, sont éloignez de dix & de quinze
journées de chemin. Nous ne manquions
pas de les trouver toutes prêtes au lieu où
nous devions coucher, & garnies de tous les
ustenciles de cuisine; avec de la fiente seche
de vache & de cheval, & aussi du foin, que
l'on étoit obligé de bruler au lieu de bois
pour cuire les viandes. A chacunes de ces
cabanes, il y avoit un valet, pour nous aporter de l'eau & autres choses necessaires.

Comme nous ne manquions pas de relayer
deux fois le jour, nôtre marche avançoit
considerablement. Nous avions un fort grand
nombre de chariots, de sorte que quand quelque un de ceux qui étoient chargez, venoit à
se rompre, on en mettoit aussi-tôt un vuide à
sa place. La même chose se pratiquoit à l'é-
gard de nos chevaux.

Toutes les nuits une forte Garde de Chinois étoit posée autour de nos Chariots, qui
nous servoient de retranchement. Cette Garde se faisoit d'une assez plaisante maniére, car
au commencement, ils se tenoient les uns
contre les autres de sorte, qu'il s'en faloit à
peine l'épaisseur d'un fil qu'ils ne se touchas-
sent; & ensuitte ils sonnoient avant le jour
une petite cloche, qui faisoit continuellement
avancer une garde vers l'autre avec beaucoup
de vitesse. Quelquefois bien avant dans la

G 5

nuit,

nuit, ils fe donnoient avec une femblable petite cloche, le mot, ou le fignal, aprés quoi
ils ne laiffoient paffer perfonne, pour entrer
dans nôtre Retranchement, ou pour en fortir.

La Converfation de Monfieur l'Envoyé &
de l'*Adogeda*, qui étoient tous les jours enfemble, rouloit fur divers Païs, mais parti-
culierement fur la Chine, que l'*Adogeda* ne
manquoit par d'élever au deffus de tous les
autres. Il nous parla de cette fameufe
muraille des Chinois, qui fuivant fon rap-
port, eft d'une fi prodigieufe longueur,
qu'on ne fçauroit fe rendre d'un bout à
l'autre, en moins de trente huit mois de
tems.

Ce qui nous fit le plus de peine dans
le Pays défert que nous traverfions, fut
le manque d'eau. Pour en avoir nous creu-
fions fort profondement la terre, & celle
que nous trouvions étoit le plus fouvent,
fi bourbeufe, & fi épaiffe, qu'on auroit
pû la couper avec un couteau. La neceffité néanmoins nous contraignoit de l'emporter telle qu'elle étoit dans des peaux de
Bouc. A nôtre égard nous aurions beaucoup plus foufert que nous ne foufrimes,
fans le Thé preparé, que Monfieur l'Envoyé recevoit tous les matins de l'*Adogeda*,
&

& dont nous fçavions auffi fort bien nous regaler.

Comme nous marchions à grandes journées, on nous dreffoit tous les jours à moitié chemin une Cabane, où nous trouvions quelques viandes preparées ; mais pour le gros de la Caravane, il marchoit toûjours fans s'arrêter.

Souvent nous nous divertiffions à la chaffe des animaux fauvages, que l'on trouve dans ce Défert en prodigieufe quantité. Ce divertiffement faillit un jour à me couter cher, de même qu'à un de mes bons amis. Car nous étant arrêtez tous deux un peu trop long-tems à cette chaffe, nous perdimes nôtre Caravane, de forte que ne pouvant pas la rejoindre, nous nous égarames pendant plus de deux jours, fort en peine, de nous voir feuls & feparez des autres.

Enfin aprés avoir fait plufieurs tours, nous nous trouvames prés de quelques cabanes de *Mongales*. Ce fut alors que l'épouvante nous prit, fçachant bien le danger qu'il y a de fe rencontrer parmi ces Peuples, qui bien loin d'épargner quelqu'un ne font pas même quartier à ceux de leur propre Nation, les faifant mourir fans mifericorde, lorfqu'ils s'en font rendus les maîtres. Nous n'eumes pourtant que la peur fans recevoir

aucun

aucun mal. Au lieu de nous insulter, ils nous reçûrent avec beaucoup d'honneteté. Ils nous firent part des viandes qu'ils avoient, & nous logerent dans une de leurs cabanes où nous paſſames la nuit.

Nous ne pouvions pas nous imaginer le motif qui les portoient à nous traiter avec tant d'humanité; néanmoins nous eumes la penſée, qu'il faloit qu'ils ſçûſſent que nous étions de la ſuite de Monſieur l'Envoyé, à qui nous aurions bien voulu faire ſavoir nôtre deſtinée & le Lieu où nous étions, ne doutant point qu'il ne nous fit chercher de tous côtez, ce qu'il fit auſſi effectivement, mais comme nous ne pouvions en aucune maniére nous faire entendre à ces *Mongales*, nous-nous trouvions fort embaraſſez.

Enfin à force de leur faire divers ſignes, ils comprirent ce que nous ſouhaitions, de ſorte, qu'ils dépêcherent en diligence deux de leurs gens à Monſieur l'Envoyé, pour lui aprendre de nos nouvelles. Si nos Chevaux avoient été en état de nous porter, nous aurions été avec eux, mais cómme ils étoient ſi fatiguez qu'à peine pouvoient-ils marcher, nous fûmes obligez d'attendre là nôtre Caravane, qui devoit y paſſer.

Le 5. d'Octobre, nous nous trouvames prés de la Riviére de *Caſumur*, qui ſe décharge ge dans celle de *Naun*. Nous demeurames là un jour & une nuit pour nous rafraichir.

Nous avions tellement fouffert la foif, dans le trajet que nous venions de faire, que l'eau pure & claire de la Riviére, fut pour nous une boiffon auffi delicieufe que le vin le plus excellent, tant nous prenions de plaifir à la boire. Auffi en fimes nous bonne provifion pour le chemin.

Le 19. nous paffames par diverfes Villes entierement detruites. Nous y remarquames toutes fortes de figures taillées dans la pierre, qui fuivant que nous le jugeames, reprefentoient des hiftoires anciennes; & il s'en trouve peu de femblables en Europe, on dit que ces Villes ont été ruinées par Alexandre le Grand.

Nous vimes auffi dans ces Lieux là des Colomnes de pierre d'une hauteur prodigieufe, & conftruites avec beaucoup d'art. On avoit pendu à ces Colomnes une infinité de petites cloches, qui lors qu'elles étoient tant foit peu agitées par le vent, rendoient un fon fort doux & fort agreable.

Nous trouvames encore dans la fuite diverfes Places, où nous vimes des Statues de pierres reprefentant toutes fortes de figures, favoir, d'hommes, de femmes, & de diferens animaux. Nous decouvrimes de plus dans ces lieux déferts beaucoup de bêtes fau-

vages

vages, comme des Cerfs, des Chevreuils & des Lievres. Les Moutons, qui font auffi là fauvages, s'y trouvent en fi prodigieufe quantité, que nous en voyons fouvent marcher des troupeaux de deux à trois cents. Il n'eft pas néanmoins facile de tirer deffus, parce qu'ils courent beaucoup plus vite qu'aucun Chevreuil.

A l'égard des Liévres qui fe trouvent auffi en grande quantité dans ce Défert, ils font fort petits, n'ayant pas plus de groffeur que les jeunes Levrauts de nôtre Païs. Ce Défert eft auffi rempli de Phaifans, ou Perdrix Orientales, qui ne fe laiffent pas facilement approcher : Car lors que ces Animaux fe voient pourfuivis, ils ne volent pas fur les arbres, mais ils courent à terre, avec autant de vîteffe qu'un Oifeau pourroit voler. Le plus grand plaifir que nous prenions à la Chaffe dans ce Défert, étoit de voir l'adreffe finguliére avec laquelle les Chinois tuoient ces Phaifans à coups de fléches, car lors qu'ils les avoient fait partir, & qu'ils les voïoient au plus fort de leur courfe, ils décochoient leurs fléches, comme qui tire en volant, & de cette maniére ils ne manquoient pas d'en tuer plufieurs.

Ils faifoient paroître la même adreffe à tirer aux Liévres, qu'ils tuoient à la courfe, lors qu'ils les voïoient à portée de leurs
traits;

traits ; & cela avec une dextérité si surprenante que nous ne pouvions nous lasser de
l'admirer. De plus , l'*Adogeda* avoit des
Faucons dressez pour ces Phaisans & pour
ces Liévres , de sorte qu'on en prenoit une
assez grande quantité.

Plus nous aprochions de la Muraille de la
Chine, plus nous trouvions le Païs habité.
Nous n'en étions qu'à trois journées de chemin, lors que nous passâmes par des Lieux
qui n'étoient que Rochers.

Nous vîmes avec étonnement , que pour
les traverser, on avoit été obligé de couper
un chemin dans le Roc, on trouve même
dans ces endroits afreux une Ville que les
Russes nomment *Schorna-Gorod* , ou *Karakaton*.

Comme ce Païs est rempli de Tigres , de
Pantéres , & de Léopards, Monsieur l'Envoïé , sur l'avis qu'on lui en donna , fit une
sévére défense à tous ceux de sa suite , de
s'écarter en aucune maniére du Chemin.

Lors que nous fûmes à *Karakaton* , les
Chinois changérent les viandes qu'ils nous
avoient fournies jusques alors , car au lieu
d'un certain nombre de Moutons que nous
recevions, on nous donna des Porcs autant
que nous en avions besoin , & avec cela tous
les jours à chaque personne , une mesure de
ris. Les Cochons de la Chine , tant les petits

tits que les gros, les jeunes que les vieux, ont le ventre si pendant qu'il traîne à terre.

Nous fimes encore de-là une journée de chemin, avant que d'arriver, à la grande Muraille. Ce Païs depuis *Naun* jusques ici, est habité par des *Mongales*, ou *Tartares*, qui croient au *Dalai-Lama*, ou Grand Prêtre de *Kutugta*, dont nous ferons, une plus ample mention dans la suite.

Ces Peuples ont leurs Idoles, qu'ils tiennent dans leurs maisons, & devant lequelles ils posent plusieurs petits pots, remplis de viandes, & de boisson. Lors qu'ils enterrent leurs morts, ils mettent sur le cercueil un Coq blanc.

Un jour Monsieur l'Envoyé ayant aperçu une Religieuse *Mongale*, qui le Chapelet à la main, marmotoit sans cesse, il lui demanda ce qu'elle adoroit: *J'adore*, lui repondit-elle, *le Dieu, que vôtre Dieu a chassé du Ciel, mais nôtre Dieu y doit remonter & en chasser à son tour le vôtre, & c'est alors qu'on verra plusieurs changemens parmi les Fils des hommes.*

Ce fut le 27. d'Octobre sur le soir, que nous arrivames à la celebre Muraille de la Chine; Elle est de la hauteur de quatre brasses, & si large, que sept ou huit personnes à cheval y peuvent aller de front. A l'égard de sa longueur, elle est de trois cents

lieües

lieuës d'Allemagne ; mais elle en auroit plus
de quatre cents , si elle étoit élevée sur un
terrain entiérement uni , au lieu qu'en plusieurs endroits on l'a continuée sur des Roches extrémement hautes. On la voit de
quart de lieuës en quart de lieuës, flanquée
de Tours.

Cette Muraille tombe en ruïne prés de la
premiére Porte par où nous entrâmes. A
environ la portée d'un mousquet de cette
premiére porte, nous en traversâmes une seconde , dont la place nous parut comme en
cercle , & ensuite nous nous rendîmes à deux
autres portes , qu'il falut aussi traverser. Tout
cet espace , renfermé par trois murailles en
rond , est d'une assez grande étenduë. Sur
le mur de la premiére Porte , nous vîmes un
Corps de Garde , où suivant que nous l'ap-
primes , on faisoit continuellement la Garde ;
& à l'issue de la derniére Porte , nous en
trouvâmes un autre occupé par vingt hommes.
De cette Muraille de la Chine nous nous rendîmes en prenant sur la gauche prés de la
Ville de *Galgan*, éloignée de-là d'une *Werste*,
& entourée d'une belle Muraille de pierres.
C'est ici que nous commençâmes à découvrir
les Idoles des Chinois.

C'est une chose étonnante que la prodigieuse quantité des Temples , que ces Peuples ont batis à leurs faux Dieux , non-seu-

H

lement

lement dans les Villes, & dans les Villages, mais aussi sur de hautes Montagnes presques inaccessibles. Ces Temples forment de loin un trés bel objet, mais pour leurs Idoles, la vuë en est si vilaine & si horrible, que le Peintre le plus habile, auroit bien de la peine à representer quelque chose de plus affreux. Elles sont faites de bois, ou d'argile, & souvent enrichies d'une dorure, où l'or n'est pas épargné. Parmi tous les faux Dieux, que l'on voit dans ces Temples, on en remarque un qui paroit tout en feu, & qui tient un sceptre à la main. Il le nomment le Dieu de la Guerre, & lui rendent les honneurs supremes. On voit encore dans ces Temples près des Idoles de grands & petits Tambours, qui servent aux Ceremonies du Culte des faux Dieux.

Nous passâmes la nuit au faubourg de *Galgan*, & lors que nous y entrames, il parut dans les ruës, par où nous devions passer, une troupe de divers Musiciens, qui jouoient de la Flute, & d'autres Instrumens. Il y en eut qui frapoient sur de petits bassins de cuivre, dont ils avoient l'adresse de tirer toute sorte de divers tons, quelques uns battoient aussi le tambour, mais toute cette Musique étoit fort triste & languissante. Le soir Monsr. l'Envoyé soupa chez l'*Adogeda*; nous y fumes fort bien regalez, & sur

tout

tout d'une boisson, nommée *Tarasun*, & à ce qu'on nous dit, faite de ris.

Aprés le Répas, les Comediens qu'on avoit envoyé de *Pekin*, pour divertir Monsr. l'Envoyé, representerent une Comedie assez divertissante, leurs actions, & leurs postures ayant autant de beauté & d'agrement, que celles des Comediens de l'Europe. Le sujet de la piéce, étoit un Pere, qui vouloit donner une certaine fille en mariage à son fils ; mais le trop grand nombre de Courtisanes que ce fils avoit, rompit le mariage, celui qui tenoit la place d'un Harlequin, conduisoit les intrigues amoureuses, & pour se payer de ses peines, il se divertissoit avec ces mêmes Courtisannes.

On peut dire que cette Piéce de Theâtre, étoit une des plus risibles, par les plaisantes boufonneries, dont elle étoit entremélée. Les habits des Comediens, étoient de trés belles étofes de soye, enrichies par tout de beaucoup d'or, & nous fumes fort surpris de voir qu'ils en changerent jusques à dix fois.

Comme nôtre Auteur ne parle qu'en passant de la grande Muraille de la Chine, si celebre par toute la Terre, nous en ferons ici une plus ample Rélation, pour la satisfaction du Lecteur. La longueur qu'il lui donne se trouve juste, étant en éfet de trois cents lieuës d'Allemagne ; mais pour la largeur, elle n'a pas par tout la même étendue, n'étant en plusieurs endroits que de cinq piés. Presque tout l'ouvrage est de brique & si bien bâti, qu'il y a plus de dix huis cents ans qu'il dure. L'Empereur *Chi Hoamli* le fit construire pour servir de barriére aux Tartares. C'est à la verité la plus grande entreprise, qui ait jamais été faite, mais elle n'étoit pas d'une absolue necessité, au moins en ce qu'on a poussé l'ouvrage jusques à la pointe des montagnes, où il est impossible que la Cavalerie Tartare puisse monter. Autrefois cette Muraille étoit gardée par un million de soldats.

Des Personnes intelligentes & dignes de foi qui ont veu cette muraille, & qui en ont donné des remarques fort curieuses, jugent que toutes les sept merveilles du Monde prises ensemble, ne peuvent être comparées à ce prodigieux ouvrage des Chinois ; & que tout ce qu'on en peut dire est fort au dessous, de ce qu'il est effectivement. Il y a principalement deux choses, qui doivent causer l'admiration au sujet de cette Muraille. La premiére est que non-seulement elle est batie dans un espace de trois cents lieuës de l'Orient à l'Occident, par tout sur un terrein désert, mais que de plus l'ouvrage à été poussé le long des plus hautes Colines,

sur

fur lefquelles il s'éleve peu à peu, étant avec cela fortifié par de groffes Tours, éloignées les unes des autres tout au plus de deux traits d'arc. Le Jefuite Verbieft qui a eu la curiofité de prendre la hauteur de cette Muraille en un certain lieu, à trouvé par le moyen d'un Inftrument, qu'en ce même endroit, elle avoit mille trente fept piés au deffus de l'Horifon, de forte qu'il ne pouvoit comprendre, comment un fi prodigieux ouvrage à pû être conduit à la hauteur où il fe trouve aujourd'hui; fur tout dans des Lieux rudes & pleins de Roches, où les materiaux n'ont pû être apportez qu'avec une peine incroyable. Le fecond fujet d'étonnement, eft que cette Muraille ne continue pas fur une même ligne, mais par divers detours, fuivant la difpofition des Lieux & la fituation des Montagnes, de forte que de la maniére qu'elle eft tournée, on peut dire que ce font trois Murailles au lieu d'une qui renferment une grande partie de la Chine. Son étenduë eft depuis la Mer Orientale jufques à la Province de *Chanfi*, & fouvent elle eft conduite fur le fommet des Montagnes & des Rochers, où l'on peut à peine grimper. Qui pourroit s'imaginer le nombre de milliers d'hommes, qui ont travaillé à cet ouvrage, & la prodigieufe dépenfe qu'il a falu faire pour l'achever ? H 3 Voi-

Voici comme en parle Martinius Martini
dans son Atlas Chinois. Cette Muraille,
dit-il, renferme dans son circuit, non une seule Province, mais quatre toutes entiéres, ou
plû-tôt quatre Royaumes; bien que j'aye toûjours été dans la pensée que cette Muraille n'a
pas toute l'étenduë qu'on lui donne. Car je ne
trouve pas qu'elle s'étende au delà de trois cens
lieuës d'Allemagne, dont 15. font un Dégré.
La raison est que toute sa longueur deputs le Gol-
phe de la Chine, dans lequel se décharge la Riviére de Yalo; qui vient de la Tartarie Orientale, jusques aux Montagnes de la Ville de
Kin sur le Fleuve Safferan, ou Jaune; il n'y a
pas plus de 20. Dégrez. Cette Muraille est
par tout, continuée, sans aucune ouverture ou
separation, si ce n'est au Septentrion de la Ville
de Siven dans la Province de Pekin, où elle est
coupée par un petit espace de Montagnes afreu-
ses & inaccessibles, qui attachent cette forte
Muraille. Et au lieu où le Fleuve Hoang,
ou Jaune, passe pour aller se décharger dans la
Mer. A l'égard des autres Riviéres plus petites, elles ont leur passage sous des Voutes, faites comme des Arcades de Pont. Au reste, elle n'a aucun autre appui que celui qu'on donne
aux murailles ordinaires, & elle est presque
d'une forme égale, non-seulement dans les Plai-
nes, qui se trouvent en petit nombre en ces Con-
trées-là

trés-là, & le long des hautes Montagnes, mais même au travers de ces mêmes Montagnes. Elle a aussi quelques Portes à de certaines Tours, dont elle est flanquée d'espace en espace, afin d'y pouvoir passer en cas de necessité. Sa hauteur est de 30. Cubites, ou Coudées Chinoises, & sa largeur de 12. & le plus souvent de 15. Ce fut l'Empereur Chius, ou Xius, qui la fit bâtir, 250. ans avant la Naissance de Christ. On obligea alors toute la Chine, à fournir 3. hommes de 10. pour y travailler, & ce fut par ce nombre infini d'hommes qu'un si prodigieux Ouvrage, se vit achevé en cinq ans de temps. L'Ouvrage est de cailloux, & d'autres pierres dures, si fortement liées ensemble, & si bien cimentées, que si on avoit pû ficher un clou à coup de marteau dans quelqu'unes des jointures, ceux qui avoient travaillé dans ces endroits-là, n'auroient pas manqué d'être punis de mort.

CHAPITRE XI.

Arrivée de l'Ambassade à Xantuning, une des Villes de la Chine. Régale magnifique fait à Monsieur l'Envoyé. Prodigieux tours de souplesse, faits par un jeune Garçon de dix

ans,

ans., en présence de Monsieur l'Envoyé. Comedies & Mascarades toutes extraordinaires. La Ville de Xunguxu. Idoles de la plus horrible figure, adorées par les Chinois. Statuë représentant une Déesse, qui a sept cents mains, & plus de huit brasses de hauteur. Fête de Faux-Dieux. La Ville rouge. Xangote. Tunxo. Pekin, Capitale de la Chine. Monsieur l'Envoïé est conduit au Palais de l'Empereur de la Chine. Ce qui se passa dans cette Cérémonie. Des Viandes qui furent tous les jours fournies aux Personnes de l'Ambassade, par ordre de l'Empereur. Présents de Monsieur l'Envoyé au Dorgamba. Diverses autres Remarques.

CE fut le 28. d'Octobre, que nous partîmes du Faubourg de *Galgan.* Nous laissames ce même jour une Ville Chinoise derriére nous, & sur le soir nous arrivâmes à *Xantuning*, où Monsieur l'Envoïé fut regalé par le Gouverneur de cette Place, non-seulement d'un Répas magnifique, mais aussi d'une Comedie fort divertissante.

Une trés-belle Tapisserie ornoit toute la Maison, & les Tables de même que les Couverts, marquoient par leur richesse & leur propreté, une magnificence de Prince.

Mon-

Monsieur l'Envoïé , le Gouverneur , & l'*Adogeda* avoient chacun leur Table particuliére , mais pour nous autres Officiers, nous étions tous affis à une même Table. Les mets furent aportez les uns aprés les autres, & l'on ne deffervit aucun plat qu'aprés que tout le Répas fut fini.

Ce fut un Festin à huit services , dans de la Porcelaine. Toutes les fois qu'on aportoit un plat , le Maître d'Hôtel marchoit devant & crioit à haute voix pour nous inviter à manger. Auffi - tôt l'*Adogeda* prenoit fa fourchette, ou fon petit bâton , & la montroit à Monfieur l'Envoïé & à nous , ce qui nous étoit un fignal de mettre la main au plat.

Durant le Répas , on fit venir un jeune Garçon de dix ans , qui fit des tours admirables fur les Tapis qui couvroient le Plancher. Enfuite étant allé fe placer fur un Trône élevé , on mit derriére fon dos fept taffes de Porcelaine , qu'il prit l'une aprés l'autre par derriére avec la bouche , & les pofa de l'autre côté de la Table. Aprés cela tenant les mains étenduës fur la Table, il prit encore avec la bouche trois de ces Taffes , enfuite aïant tourné fes mains en haut, il les tint derriére fon dos , & en cette pofture il prit comme la premiére fois avec la bouche deux taffes , & enfin deux autres,

H 5

&

& les remit toutes sept derriére son dos, qu'il tenoit élevé en forme de Crapaud, & on l'enleva dans cette posture, voulant reprendre ces tasses pour la derniére fois.

Aprés ce jeune Garçon, on vit paroitre deux Personnes, qui se faisoient l'amour & dont tout le discours & les actions ne roulerent que sur la galanterie. Enfin pour conclusion, une autre Personne parut sous la figure d'un Tigre, & ce fut alors qu'on desservit les viandes.

Ce répas dura plus de trois heures. Avant qu'on apporta le dessert, qui consistoit en toutes sortes de confitures, & dragées, l'*Agodeda* invita Monsieur l'Envoyé à faire un tour de promenade, mais un de ses gens l'ayant avertit que le dessert alloit venir, il pria Monsieur l'Envoyé de demeurer, de sorte que nous fumes encore là deux heures. Pour abreger le tems, on fit venir contre la coûtume, les Comediens, dont les habits étoient magnifiques, & enrichis de figures d'or. Ils en changerent jusques à huit fois.

Le 29. nous nous rendimes à *Xunguxu*, où Monsieur l'Envoyé fut aussi magnifiquement regalé par le Gouverneur, de même que dans toutes les autres Villes où nous passames, recevant par tout, tous les honneurs imaginables. Le soir on joua une Co-

Comedie dans la Ville de *Xunguxu*, où les Comediens ont un lieu particulier pour cela.

Nous y vimes dans un Temple d'Idoles une Déesse, qui avoit sept cents mains de la hauteur de plus de huit brasses, faite d'une seule pierre. Souvent, par le chemin, nous visitions ces Temples remplis de diverses sortes d'Idoles d'une figure épouvantable, mais néanmoins vetuës & ornées de la maniére la plus riche & la plus magnifique. Il y avoit là aussi un Temple d'Idoles, bati sur une Roche fort élevée, prés d'un Cloitre nommée *Jugango*.

Le 30. nous rencontrâmes avant midi une grosse troupe d'hommes & de femmes, qui marchoient en procession avec beaucoup de rejouïssance. Ils jouoient de la Flute d'une maniére fort agréable, batoient le tambour, & frapoient sur des bassins, devant une Idole que deux d'entre-eux portoient. Ayant demandé à l'*Adogeda*, pourquoi ces gens marchoient ainsi en si grande procession, il nous répondit qu'ils alloient dans un Temple de leurs Dieux, pour y faire les ceremonies de leur Culte.

Nous laissâmes ensuite derriére nous une grande Ville nommée la Ville Rouge, où résidoit une des Sœurs du *Bogdegan*, ou Empereur de la Chine, & où les *Chanes* ont

leurs

leurs Tombeaux. Cette Ville eſt ſituée tout prés de la grande Muraille, le ſoir nous-nous rendîmes à un Vilage, où nous paſſâmes la nuit.

Le lendemain 31. l'*Adogeda* fit dire de grand matin à Monſieur l'Envoyé, que le tems ne lui permettoit pas de partir avec lui, mais que s'il lui plaiſoit d'aller toûjours devant, il ne manqueroit pas de le rejoindre au plû-tôt.

A peine avions-nous fait trois ou quatre heures de chemin, que nous nous trouvames devant un Temple d'Idoles, où le Maître d'Hôtel de l'*Adogeda* nous ayant joint, il pria Monſieur l'Envoyé, de vouloir bien attendre là un moment, que ſon Maître feroit d'abord à lui.

Cependant nous entrames dans le Temple, pour y faire un tour, & remarquer ce qu'il y auroit de plus curieux. Les Gens de l'*Adogeda*, qui avoient pris les devans avec nous, y entrerent auſſi, & ſe proſternerent d'abord la tête courbée juſques à terre devant une Idole qui paroiſſoit au milieu de deux autres, & en ſuite devant celles-ci avec les mêmes marques de vénération.

Nous arrivames avant midi à la Ville de *Xangote*, où Monſieur l'Envoyé fut reçû & regalé par le Gouverneur, & le ſoir nous allames coucher à un Bourg.

Le

Le 1. de Novembre, Monfieur l'Envoyé fut encore reçû & regalé par le Gouverneur d'une autre Place, & le foir nous nous rendimes à un autre Bourg où nous paffames la nuit.

Dans tous les Lieux où nous paffâmes, nous découvrimes une infinité de Temples, que les Chinois nomment *Pagodes*, & ce ne fut pas fans étonnement que nous vimes ces miferables Peuples y adorer les Images, ou les Figures les plus diaboliques, & les plus monftrueufes que l'on puiffe imaginer.

Le 2. nous nous rendimes à la grande Ville de *Tunxo* fituée fur une Riviére. Monfieur l'Envoyé y fut reçû & regalé par le Gouverneur, qui aprés le répas le conduifit en traverfant la Ville, jufques à la fortie, d'où nous allames coucher au plus proche Bourg, peu diftant de *Pekin*.

On fait à *Tunxo* un grand commerce de Porcelaines, que l'on tranfporte par eau, & qui s'achettent là à meilleur marché qu'à *Pekin*. Les voiles dont les Chinois fe fervent fur leurs vaiffeaux, fe plient de la même maniére que nos éventails.

Le 3. nous fimes fur le Midi nôtre entrée dans la Ville Capitale de *Pekin*, marchant en fort bel ordre, & nous allames loger à l'Hôtel ordinaire des Ambaffadeurs. Les Ruës

par

par où nous paſſames, étoient pleines d'u-
ne prodigieuſe quantité de monde, ce qui
éleva une pouſſiere ſi épaiſſe qu'à peine pouvions nous apercevoir les objets.

Le 12. vers le ſoir, l'*Adogeda* & ſon *Towa-*
res ou Colegue, ſe rendirent chez Monſieur
l'Envoyé pour lui apprendre que le jour qui
devoit ſuivre le lendemain, il ſeroit conduit
à la Cour pour y rendre ſes lettres, & y livrer les preſents de Sa Majeſté Czarienne,
qu'il ſeroit admis à l'Audience ſuivant la
coûtume, & qu'on le viendroit prendre avec
trente Chevaux.

Les *Adogedas* ayant demandé enſuite à
Monſieur l'Envoyé qui ſeroit celui qui por-
teroit les preſents, il leur fit réponſe que ce
ſeroit un des plus conſiderables Coſaques.
Ils ſouhaitoient que cela ſe fit par les Officiers, mais Monſieur l'Envoyé qui ne voulut
pas le leur accorder, ayant dit, que lors qu'on
ſeroit arrivé ſur le Lieu, il ofriroit lui même de ſa propre main les preſents, ils parurent ſatisfaits.

Les Preſents furent à leur priére proprem-
ment envelopez d'une belle & riche étoffe,
aprés quoi l'on but avec du vin d'Eſpagne la
Santé du *Dorgamba*, un des plus grands Seigneur du Païs. Il faut remarquer, que toutes les fois qu'ils avoient rendu viſite à Monſr.
l'Envoyé, comme ils étoient en diferent ſur
le

le Ceremoniel, ils n'avoient jamais voulu gouter le vin qu'on leur avoit prefenté, ni même aucune autre boifon, quelques prières qui leur en fut faites, mais cette fois, ils le firent de bonne grace & vuiderent le verre jufques à la derniére goute. Les Chinois font des Gens extremement obftinez & ne veulent pas qu'on leur contredifent, fi l'on n'entre pas dans leur fentiment, ou qu'on ne fafle pas les chofes de la maniére qu'ils le fouhaitent, ils font paroitre un dépit qui n'eft pas concevable.

Ce fut le 14. de Novembre que Monfr. l'Envoyé préfenta lui même fa lettre de créance, & voici de quelle maniére il fut conduit à la Cour par les deux *Adogedas*. Vint cinq perfonnes qui portoient les Prefens, commencerent la marche; Ils furent fuivis par le Sommelier, qui étoit un Marchand Ruffe, aprés celui-ci parut le Secretaire Ruffe, tenant à la main, la Lettre de Sa Majefté Czarienne. Monfr. l'Envoyé accompagné des *Adogedas*, marchoit enfuite, & aprés lui les Oficiers qui fermoient la Marche.

Lors que nous fûmes arrivez devant le Palais, on nous fit décendre de Cheval. Nous traverfâmes donc à pié, premiérement une Porte voutée, d'une épaiffeur extraordinaire; & une Cour fpatieufe en longeur & en largeur. A la feconde Porte, nous paflâmes fur

un

un pont de la longueur d'environ cinquante à soixante & dix pas, & à chaque côté de la hauteur de plus de la moitié d'un homme, entouré d'un mur, où l'on avoit taillé diverses figures. Ce fut par cette Porte, prés de laquelle nous vîmes deux grandes Colomnes, ornées de fort belles figures, que nous passâmes dans une autre Cour extrémement longue & large, par laquelle on nous conduisit à la troisiéme Porte, où l'on avoit placé deux tables. Chacune des deux Cours avoit plus de cent brasses de longueur & de largeur.

Dés que nous fûmes arrivez là, l'*Adogeda* fit asseoir Monsr. l'Envoyé sur des Careaux, qu'on avoit apporté exprés. A peine étoit-il assis que nous vîmes paroitre quatre Seigneurs des plus considerables de la Chine, qui venoient de la part de l'Empereur. C'estoient le *Dorgamba*, l'*Askamba*, l'*Aligamba*, & l'*Adogonda*, dont le premier portoit la parole.

La Lettre de Créance aïant été portée à l'Empereur, les presents furent remis entre les mains de l'*Adogeda*, qui les posa sur les deux tables, aprés quoi le *Dorgamba* & les autres Seigneurs qui se tenoient à chaque côté, s'étant approchez de Monsieur l'Envoyé, ils lui presenterent les deux mains, & lui firent leurs compliments, avec toutes les marques d'une sincére amitié.

Le

Le *Dorgamba*, aprés nous avoir félicité fur nôtre heureufe arrivée, & s'être informé de la santé de leurs Majeftez Czariennes, affura Monfieur l'Envoyé qu'on alloit traduire la Lettre en Chinois, & que dans peu de jours on y feroit réponfe. Il ajoûta que l'Empereur avoit ordonné la quantité des vivres, qu'on devoit nous fournir chaque jour. Voici en quoi confiftoient ces vivres.

Pour Monfieur l'Envoïé, chaque jour, deux moutons, une oye, trois poulets, trois poiffons, une grande mefure de miel, une grande mefure de ris, deux livres de beure, deux paquets de Thé, du fel, une certaine mefure de *Tarafum*, & autres chofes femblables. Pour ce qui eft des Officiers & autres Domeftiques, ils n'eurent point d'autre portion que celle qu'on leur donnoit auparavant, & nous ne reçûmes rien de plus, fi ce n'eft du beure, du miel & du *Tarafum*.

Monfieur l'Envoïé aïant été reconduit par les deux *Adogedas* à fon logis, le plus jeune y revint trois heures aprés, pour lui apprendre que la lecture de la Lettre de leurs Majeftez Czariennes, avoit caufé beaucoup de joie à la Cour, & qu'il avoit ordre de l'Empereur, de le conduire dés ce même moment, avec fes Officiers, à un Régal, dont fa Majefté Chinoife vouloit bien l'honorer;

& en éfet, nous vîmes paroître auffi-tôt des Chevaux de la Cour qui dévoient nous y porter.

Ce jeune *Adogeda* dit à Monfieur l'Envoïé, que l'honneur que l'Empereur lui faifoit en cette occafion, étoit un des plus grands & qui n'avoit jamais été accordé à aucun autre Ambaffadeur, la coûtume n'étant pas d'admettre incontinent aprés l'ouverture d'une Lettre de Créance, à une table de fa Majefté Chinoife, le Miniftre qui l'avoit apportée.

Dés que nous fûmes arrivez au lieu, où la Lettre de Créance avoit été renduë, l'*Adogeda* fit affeoir Monfieur l'Envoyé, & peu de temps aprés, nous vîmes entrer quatre Seigneurs Envoyez par l'Empereur, qui complimentérent Monfieur l'Envoïé, avec de grands témoignages d'amitié. Dans le même moment, on apporta quatre petites Tables, dont deux couvertes de plats d'argent, remplis de toutes fortes de confitures, maffepains, dragées & autre fucre, les uns fur les autres, furent pofées devant Monfieur l'Envoïé. Les deux autres Tables garnies de même, & d'un plat de mouton falé, qu'on avoit fait boüillir & qui étoit froid, furent pour nous.

Aprés ce Répas, on nous apporta dans des taffes de bois du Thé cuit au lait, & cha chaque fois qu'on nous le préſentoit, nous étions obligez de faire une reverence. Toutes les confitures & le ſucre qui reſtérent ſur les Tables de Monſieur l'Envoyé, furent portées chez lui, mais pour celles que nous laiſſames ſur nos Tables, comme nous n'avions rien où les mettre, pour les emporter, elles furent diſtribuées aux Coſaques.

Le 16. de Novembre le *Dorgamba*, accompagné de pluſieurs autres Perſonnes de qualité, rendit viſite à Monſieur l'Envoyé, qui pendant ce tems-là, fût regalé d'un beau concert de muſique. Aprés que le *Dorgamba* eut demeuré quelques momens aſſis, Monſieur l'Envoyé lui fit les preſents qui ſuivent.

Un grand Miroir, dont le quadre étoit de bois noir.

Un autre Miroir plus petit.

Un Miroir rond à quadre doré.

Deux Montres.

Vingt pieces de cuir doré.

Divers Ouvrages de cuivre.

Six verres de Chriſtal.

Une grande Cave à mettre des bouteilles pour le voyage.

Trois Chiens d'Angleterre, dont la peau étoit remplies de taches noires & blanches.

I 2

Un

Un Chien noir, fort bien dreſſé à la chaſſe du fuſil.

Une piece de toile de Hollande.

Quatre mouchoirs à dentelles.

Des Peaux de Martres Zebelines, de Renards noirs, d'Hermines, & autres fourures de Siberie, avec des dents de Ba-
leines.

CHAPITRE XII.

*Suite de ce qui ſe paſſa à la Cour de Pekin, à
l'égard de Monſieur l'Envoié. De l'Audience que lui donna l'Empereur de la Chine. Confitures ſervies en cette Audience à
ſa Majeſté Chinoiſe, à Monſieur l'Envoié, &
à ſa ſuite. De quelle maniére cela ſe fit.
Taſſes d'eau de vie. De quelle maniére
Monſieur l'Envoyé fut obligé de les boire.
La converſation qu'il eut avec deux Jeſuites
pendant ce Régal. De quelle maniére on
ſalue l'Empereur de la Chine. De ſa Perſonne, & comment elle eſt faite. Les Do-
meſtiques de Monſieur l'Envoyé ſont obligés
d'emporter les reſtes de la Table de l'Empereur. Monſieur l'Envoyé eſt régalé par ordre de ſa Majeſté Chinoiſe. En quoi conſiſ-*
toit

toit le Répas. De quelle maniére fut célé-
brée une Fête à laquelle affifta Monfieur
l'Envoyé. Comedie Chinoife, & tours de
foupleffes furprenants. Diverfes autres Re-
marques.

CE fut le 17. de Novembre, que Monfieur l'Envoïé fut conduit avec 14. de
fes principaux Domeftiques, à l'Audience de
l'Empereur de la Chine par deux Officiers
de la Cour, qui vinrent le prendre à fon Logis. Ils portoient fur la poitrine & fur le
dos les Armes de l'Empereur, & leurs habits étoient brodez & enrichis de figures de
Lions & de Tigres.

A peine avions-nous fait le chemin d'un
trait d'arc que nous rencontrames l'*Adogeda*
& fon Collégue qui venoient nous recevoir.
Nous marchames enfemble vers le Palais, &
lors que nous en fumes à une certaine diftance, on nous fit defcendre de cheval,
pour traverfer le refte du chemin à pié.
Dés que nous fûmes arrivez au Lieu, où
la Lettre de leurs Majeftez Czariennes avoit
été renduë, l'*Adogeda* fit donner des fiéges à
Monfieur l'Envoïé & à ceux de fa fuite.

Un moment aprés, nous vimes paroître
les quatre Seigneurs, dont nous avons parlé, envoyez par l'Empereur. Dés qu'ils eurent falué Monfieur l'Envoyé, ils lui deman-

dérent

dérent s'il savoit parler Latin? Aïant répondu que non, ils lui demandérent encore, si parmi ses Gens, il ne se trouvoit pas quelqu'un qui parlât cette Langue? Aprés qu'on leur eut répondu, qu'il y avoit une Personne qui la possedoit, mais non pas parfaitement, ils se retirérent pour en aller faire leur raport à l'Empereur.

Nous demeurames-là assis pendant prés de cinq heures, avant qu'on nous vint appeller, prenant du Thé boüilli au lait, dont l'*Adogeda* nous régala à diverses fois. Cependant on compta combien nous étions, & l'on marqua le nom de chacun.

Enfin l'*Adogeda* aïant reçû ordre de nous introduire, nous passames par trois Portes à trois grandes Cours que nous traversames. L'une de ces Cours nous parut plus digne de remarque que les autres, en ce qu'elle étoit coupée par un ruisseau d'eau vive, que nous passames sur un Pont de marbre trésbeau, blanc comme de l'Albâtre. On nous dit, que ce ruisseau étoit le Vivier où l'on conservoit les poissons destinez pour la bouche de l'Empereur. Il alloit en serpentant, & passant sous de trés-belles voutes, il étoit conduit tout autour du Palais.

Lors que nous fûmes arrivez à l'Appartement, où l'Empereur paroissoit assis sur son Trône, les deux *Adogedas* placérent Monsieur

l' J

l'Envoïé à un des côtez de la Chambre, joignant le Trône. A chaque côté étoient placez plus de trois cens Officiers de la Cour, diftinguez par les Armes de l'Empereur, qu'ils portoient fur la Poitrine & fur le dos. Vis-à-vis de cet Appartement paroiffoit un Temple magnifique, où l'Empereur fe proflerne ordinairement devant fes Idôles.

Cet Appartement, où Monfieur l'Envoïé fut admis à l'Audience, étoit fort élevé, & orné de toutes fortes de Figures taillées dans le Marbre. De-là on pouvoit découvrir un autre corps de Logis, compofé de plufieurs Bâtimens, qui pour la plû-part, fervoient de demeure aux Femmes & aux Eunuques, aufquels on avoit confié le foin des Concubines de l'Empereur.

Monfieur l'Envoyé, comme je l'ai déja dit, étoit placé tout contre le Trône, mais pour nous, on nous mit derriére lui à la diftance de quatre braffes. Les quatre Seigneurs, dont j'ai fait mention, étoient affis à la droite, vis-à-vis de Monfieur l'Envoïé, & à châque côté du Trône, on avoit pofté environ quarante hommes, armez de longues Piques & de Pertuifanes. Aprés qu'on eut demeuré quelque temps affis, on pofa premiérement devant fa Majefté Chinoife, une Table couverte de plats d'or

I 4   maffif,

maſſif , remplis de toutes ſortes de confitures , & arrangez les uns ſur les autres. On
en apporta deux autres garnies auſſi de Confitures , pour les quatre Seigneurs , dont
nous avons parlé, & enſuite une garnie de la
même maniére , que l'on plaça devant Monſieur l'Envoïé. Nous eûmes aprés cela nos
Tables , ſavoir une pour quatre perſonnes,
garnies auſſi de Confitures , & le tout dans
des plats d'argent. Il y avoit parmi ces Confitures , des Pommes, des Poires , des Chataignes , des Oranges de la Chine, des Citrons & autres fruits ſemblables du Païs. A
l'égard des Chinois , dont le nombre s'étendoit juſques à prés de cent Perſonnes , on
leur donna à chacun une petite Table , couverte de toutes ſortes de viandes. Dés que
l'Empereur mit la main aux plats , nous fûmes tous obligez de courber la tête en même temps , & de manger enſuite ce qu'on
nous avoit ſervis.

Aprés ce Répas , qui dura prés de deux
heures , on apporta deux grandes taſſes d'eau
de vie à l'Empereur, qui dés le même inſ-
tant , commanda qu'on amenât devant le
Trône où il étoit aſſis , Monſieur l'Envoïé.
Il y fut conduit par le *Dorgamba* & un autre
Seigneur. Dés qu'il fut approché , il reçut
de la main du *Dorgamba*, une de ces Taſſes,
avec commandement exprés de courber la tête

ce & de boire toute l'eau de vie contenuë dans cette taſſe.

Pendant cette ceremonie, on fit appeller deux Jeſuites, qui ſuivant l'ordre qu'on leur en donna, parlerent Latin à Monſieur l'En-voyé. Mais leur ayant dit en Italien qu'il n'entendoit pas cette Langue, un de ces Peres lui parla auſſi Italien, de ſorte qu'étant en-trez en converſation, ils parlerent de diver-ſes choſes, le Jeſuite s'informa ſur tout du tems que Monſieur l'Envoyé avoit employé à faire ſon Voyage de Moſcou à Pekin. Il ſatisfit à cette demande & à toutes les au-tres qui lui furent faite, aprés quoi les deux Seigneurs qui l'avoient amené devant le Trône, le reconduiſirent à ſa premiére pla-ce.

Nous fumes auſſi obligez de paroitre de-vant l'Empereur, & nous fumes conduits par d'autres Seigneurs à l'oppoſite du Trône, où l'on nous preſenta à chacun une taſſe d'or pleine d'eau de vie, que nous reçumes en courbant la tête, aprés quoi on nous recon-duiſit aux places que nous occupions aupa-ravant.

Peu de tems aprés, on nous ſervit de mê-me qu'aux Chinois, du Thé au lait, dans des taſſes de bois, que nous reçumes & que nous rendimes en courbant la tête de même qu'auparavant. Enfin on emporta les Ta-

I 5

bles,

bles, & l'on nous conduifit hors de la Sale, où aprés avoir demeuré quelques momens, les deux *Adogedas* firent figne à Monfieur l'Envoyé de les fuivre. La caufe pour laquelle on nous fit fortir, étoit que l'on ne vouloit pas que nous viffions l'Empereur décendre de fon Trône & fe retirer. C'eft un Mongale ou Tartare d'Orient, qui a le teint brun, & qui étoit alors âgé de quarante cinq ans.

Il eft d'une taille un peu au deffus de la mediocre, plus gros que ne font ordinairement les gens en Europe. Il a le vifage plein & marqué de petite verole, le front large, le nez & les yeux petits, à la maniére des Chinois, la bouche belle & le bas du vifage fort agreâble, la mine Majeftueufe, fans qu'il y paroiffe néanmoins rien de trop fier ni de trop fuperbe.

Dés que l'Empereur fe fut retiré, Monfieur l'Envoyé voulut fe rendre à fon logis; mais il fut retenu par le *Dorgamba*, qui vint lui demander par ordre de l'Empereur, des nouvelles de certains Jefuites, & s'il ne favoit pas ce qu'ils étoient devenus, depuis trois ans, qu'on leur avoit refufé le Paffage à la Chine par Mofcou ? Monfieur l'Envoyé ayant répondu qu'il n'avoit nullement ouï parler d'eux, le *Dorgamba* en alla faire

son

lon raport à l'Empereur, ou *Bogdegan*, qui
se nomme aussi *Cam-hy*.

Aprés qu'on nous eut reconduit à nôtre
premiére Place, l'*Adogeda* pria Monsieur l'Envoyé de s'asseoir, tandis que l'on distribueroit
à nos valets, les confitures qui étoient restées sur nos Tables. C'est une ancienne coûtume à la Chine de distribuer tout ce qui reste de la Table de l'Empereur. Nos Valets
ayant donc reçû toutes les confitures, tant
celles qui étoient restées sur la Table de
l'Empereur, que sur les nôtres, nous nous
retirames, & Monsieur l'Envoyé fut reconduit à son Logis par les deux *Adogedas*.

Le 18. de Novembre, nous fûmes régalez, de même que les Cosaques, dans nôtre
Quartier, par ordre de l'Empereur. Monsieur l'Envoïé eut sa Table particuliere, &
d'autres Tables toutes chargées de viandes, furent apportées pour les Officiers
dans une Sale à l'entrée du Logis de
Monsieur l'Envoïé. Lors qu'on eut tout
servi, nous vîmes entrer un Officier de
l'Empereur qui fit asseoir Monsieur l'Envoïé,
& les Officiers de sa suite. Avant que de
toucher aux viandes, nous courbâmes la tête, pour marquer le respect dû à sa Majesté Chinoise.

A-

Avant le Répas , on nous régala de Thé bouïlli au lait , que nous prîmes en courbant la tête.

Voici les viandes qu'on nous fervit à ce Régale. Une Oie bouïllie , des Poulets , des Oeufs , & autres fortes de viandes. Nous eûmes avec cela, des Raifins , des Pommes, des Poires , des Noifettes , des Chataignes, des Citrons, des Oranges de la Chine , & plufieurs fortes de Confitures & Dragées. Pour ce qui eft des Cofaques, on les fit manger dans la Cour. Sur le foir, les deux *Adogedas* , rendirent vifite à Monfieur l'Envoïé, & lui firent fçavoir que l'Empereur partoit ce même foir pour un Voïage, auquel il devoit emploïer vingt jours. Et en éfet ce temps-là étant écoulé , nous vîmes revenir le 7. Decembre ces deux *Adogedas* , qui aprirent à Monfieur l'Envoïé le retour de fa Majefté Chinoife.

Le lendemain 8. nous fûmes encore régalez par ordre de l'Empereur , de la même maniére que nous l'avions été la derniére fois.

Le 11. L'*Askamba* & le *Surgutfchey* , s'étant rendus chez Monfieur l'Envoïé, ils l'invitérent à fe trouver le lendemain de grand matin à la Cour, avec les mêmes Officiers de fa fuite , qui l'y avoient accompagné auparavant. C'étoit pour affifter à la célébration du jour de la Fête de l'Empereur , où fa

Ma-

Majeſté avoit bien voulu lui faire l'honneur
de l'appeller. Ils l'avertirent aprés cela, que
pour cette fois, nous ferions conduits à la
gauche du Palais, au lieu qu'auparavant,
nous avions été introduits à la droite.

Le lendemain au matin, cinq heures a-
vant que le jour parut, on nous amena des
chevaux, fur lefquels étant montez, nous-
nous rendîmes accompagnez des deux *Adogedas* au Palais, où l'on nous conduifit à la
gauche. Dés que nous fûmes arrivez au
même lieu où nous avions été introduits auparavant, on fit affeoir Monfieur l'Envoyé.
Cependant l'un des *Adogedas* fe retira, &
l'autre nous régala à diverfes fois de Thé
bouilli au lait. Lors que le jour commença
à paroitre, les deux *Adogedas* nous conduifirent dans un endroit à côté du lieu où nous
étions, pour y voir deux gros Elephans,
auquels on avoit donné des ornemens fort
magnifiques.

À l'opofite de ces deux Elephans, à la
droite, nous vimes plufieurs tambours rangez à terre, prés defquels fe ténoient plufieurs Perfonnes vétues de Damas rouge. A
une petite diftance de-là, nous comptames
plus de cent Litieres, ou Brancars, qui fervent de voiture aux Grands Seigneurs de la
Chine. En arrivant au lieu, où l'Empereur
devoit paroitre, on nous fit defcendre à la
gau-

gauche. C'est-là que nous vimes quelques centaines de Seigneurs assis à terre, & vetus fort magnifiquement. Leur habits étoient ornez tant sur la poitrine que sur le dos, des Armes de l'Empereur, & sur leurs bonnets paroissoit un bouquet de plumes de Pan, soutenues & attachées par une grosse pierre de Christal. Les plus considerables de ces Seigneurs, avoient au lieu de Christal, de fort beaux Saphirs d'une trés grande valeur. Ce fut-là qu'on nous plaça, à une petite distance de ces mêmes Seigneurs.

Il y avoit environ une heure que nous étions assis lors qu'on donna le signal par un coup de canon, dont le bruit ne fut pas éclatant. A ce signal tous les Chinois se levérent & nous aussi ; dans le même-temps, que l'Empereur montoit sur son Trône élevé vis-à-vis de la Porte par laquelle nous étions entrez, & entre celle par où l'on se rend à l'Appartement de l'Empereur.

Aprés cela, on entendit un Carillon, qui se fit subitement avec quelques gros coups de cloches, dont le son n'étoit pas désagréable ; & à ce bruit, les Chinois se rangérent en bon ordre, vis-à-vis de l'Empereur. Lors qu'ils furent tous rangez, une Personne qui se ténoit prés du Trône, lût à haute voix dans un livre, pendant plus d'une demi-heure. Cette lecture étant achevé, il se

fit

fit un concert de plusieurs voix, accompagné du son de deux gros Tambours, qui servoient apparemment de régle aux Chinois. Car à mesure qu'on bâtoit ces Tambours, ils se jettoient à genoux & courboient ensuite lentement la tête trois fois de suite jusques à terre, aprés quoi, ils se relevoient, tandis que l'on continuoit à chanter & à batre le Tambour fort agreâblement.

Lors qu'ils eurent pratiqué cette ceremonie par deux fois, chacun alla reprendre sa premiére place, & ils s'assirent tous sur des careaux, qu'ils faisoient toûjours porter aprés eux par des valets. A nôtre égard nous fûmes obligez pendant tout le concert de pratiquer la même chose que les Chinois, & ce fut par les deux *Adogedas* que nous fumes conduits au lieu où les Chinois s'étoient rengez.

Aprés la Cérémonie, un des *Adogedas* prit par la main Monsieur l'Envoïé & le conduisit prés du Trône de l'Empereur, où il eut l'honneur de recevoir le Thé de la propre main de sa Majesté. Pour nous, d'autres Seigneurs nous ayant reconduits à nôtre premiére place, nous y fûmes régalez de Thé boüilli au lait, & toutes les fois que nous prîmes la tasse & que nous la rendîmes, nous fûmes obligez de mettre la jambe

be

be gauche fous le corps , & ce fut en cette pofture qu'on nous fit courber la tête.

Peu de temps aprés , Monfieur l'Envoïé fut ramené du Trône de l'Empereur par les deux *Adogedas* , au lieu où nous étions. Cependant les Chinois, s'étant rangez comme la premiére fois à la droite , ils s'agenoüillérent, & courbérent la tête jufques à terre à trois diferentes reprifes , tandis que l'Empereur defcendoit du Trône pour fe retirer. Nous fûmes auffi conduits en cet endroit-là par les deux *Adogedas* , & l'on nous obligea de courber auffi la tête, trois fois de fuite, jufques à terre.

La moitié de la Cour jufques au Trône de l'Empereur , étoit occupée par des Soldats rangez en häie de chaque côté, vetus de damas rouge, & armez de longue piques & de pertuifanes.

Toutes les ceremonies étant achevées, nous fortimes pour retourner à nôtre quartier: mais étant arrivez au lieu, où la lettre de leurs Majeftez Czariennes avoit été renduë, nous y fumes retenus par l'*Adogeda*, qui pria inftamment Monfieur l'Envoyé de vouloir s'arreter un moment, par ce que quelques Seigneurs defiroient avec paffion de le voir avec toute fa fuite.

Monfieur l'Envoyé leur ayant donné cette fatisfaction, nous continuames nôtre chemin;

mais

mais à la sortie du Palais, l'*Adogeda* invita
Monsieur l'Envoyé à faire un tour de promenade, pour voir un des deux Elephant
dont nous avons parlé, attelé à un chariot,
qui devoit passer auprés de nous. Nous a-
perçumes peu de tems aprés, ce puissant a-
nimal, qui tiroit un fort grand chariot, sur
lequel étoit posé le Trône où l'Empereur venoit d'être assis. Enfin étant arrivez à nôtre
Hôtel, l'*Adogeda* pria Monsieur l'Envoyé de
monter à cheval avec tous les Officiers de sa
suite, pour aller avec lui voir joüer une fort
belle Comedie, qui devoit être representée
par les Comediens de l'Empereur, les Marchands & tous les Cosaques, furent aussi in-
vitez à cette Comedie.

A la sortie du Logis, nous rencontrames
plusieurs Grands Seigneurs, parmi lesquels
étoit aussi l'*Askamba*, qui reçûrent tous
Monsieur l'Envoyé d'une maniére fort obli-
geante. Avant le Répas, il se presenta un
Basteleur, qui divertit la compagnie par divers tours de souplesse, & la Comedie se joüa
durant que l'on étoit à Table. Parmi les
Acteurs, il y en eut un qui fit des choses
surprenantes. On le vit premiérement tenant à la main un bâton fort pointu par le
haut, sur la pointe duquel il faisoit tourner
incessamment une boule de bois, qu'il jettoit
souvent en l'air & qu'il recevoit sur la pointe

K

de

de ce même bâton, la faisant tourner ensuite de la même maniére qu'auparavant.

En second lieu, il prit un autre bâton plus
petit qu'il posa sur la levre de deſſus, sur la
pointe duquel il fit tourner une boule, de la
même maniére qu'auparavant. Au milieu
de ce bâton, on voyoit un cheval de bois,
traverſé par ce même bâton juſtement au
milieu du dos. Ce cheval tournoit auſſi en
rond, mais lors qu'il le touchoit de la main,
il s'arrétoit & demeuroit entiérement immo-
bile, tandis que la boule qui étoit en haut
ſur la pointe, tournoit toûjours de même que
le Balancier d'une Horloge. Lors qu'il tenoit ce bâton ſur le pouce, il produiſoit le
même éfet.

En troiſiéme lieu, il ficha ce bâton à la
pointe d'un certain inſtrument, & s'en ſervit de même qu'auparavant, enſuite il prit
ce même bâton à la bouche, ſur la pointe
duquel ayant poſé deux coûteaux courbes,
comme ceux dont ſe ſervent les Cordonniers
pour couper le cuir, le tranchant, & la pointe l'un ſur l'autre, il les fit tourner d'une
maniére admirable, & fort divertiſſante à
voir.

En quatriéme lieu, il prit trois coûteaux,
dont il en jetta un en l'air, & enſuite les
deux autres qu'il tenoit de la main gauche,
il les recevoit en tombant, & de cette maniére,

hiére, il les fit voler affez long-temps en croix.

Tous ces tours furent fuivis d'autres fort fouples à cheval, aprés quoi l'on vit paroitre un jeune Garçon fur la pointe d'une Canne de *Bambus*, qui fit auffi des tours furprenants. Cette Comedie & le Répas, qui fut magnifique, durérent fi long-temps, qu'il étoit fort tard lors que chacun fe retira.

CHAPITRE XIII.

Reprefentation d'une autre Comedie Chinoife, accompagnée d'un Feftin. Monfieur l'Envoyé eft fouvent régalé avec toute fa fuite par ordre de l'Empereur. De l'Eglife que les Jefuites ont à Pekin. Monfieur l'Envoyé eft régalé par ces Peres. Gelée & neige. Prefens de l'Empereur faits à Monfieur l'Envoyé, aux Officiers, & aux Serviteurs & Cofaques de fa fuite. Courte Defcription du puiffant Empire de la Chine. Divers Noms qu'on lui donne. Erreur des Chinois au fujet de la Chine. Sa Divifion. Ses Frontiéres. Sa longueur & fa largeur. De l'état du Pays. Defcription de Pekin Ville Capitale de la Chine, avec ce qu'on y trou-

ve

ve de remarquable. Les Ruës de cette belle Ville font vilaines. Grande incommodité, caufée par la prodigieufe quantité de pouffiere qui s'éleve dans ces mêmes Ruës. Des Femmes Chinoifes. De la Monnoie, & de diverfes autres chofes.

CE fût le 18. Decembre que les deux *Adogedas* fe rendirent chez Monfieur l'Envoyé pour le prier de la part du *Dorgamba* de fe trouver le lendemain au matin avec tous les Officiers de fa fuite, à un régal que ce Seigneur leur preparoit chez lui. Le lendemain nous trouvâmes à nôtre levé, les chevaux qui nous attendoient devant la porte de l'Hotel de Monfieur l'Envoyé. Dés que nous fûmes arrivez chez le *Dorgamba*, les deux *Adogedas*, conduifirent Monfieur l'Envoyé dans une petite chambre, où le *Dorgamba* le reçut avec toutes les marques d'un grand refpect.

Peu de tems aprés, on nous prefenta du Thé boüilli au lait, & enfuite les ordres de Sa Majefté Czarienne, furent livrez au *Dorgamba*. Enfin aprés une aſſez longue negociation fur ces mêmes ordres, le *Dorgamba* fit entrer Monfieur l'Envoyé dans une fale, où nous devions être regalez. Nous y trouvâmes les Comediens tout prets, & dés que nous fûmes placez, ils commencerent la comedie,

medie, qu'ils reciterent toute en chantant, de la même maniére qu'on le pratique aux O- pera.

Les Acteurs Chinois font toûjours magnifiquement habillez, & lors qu'ils font prets à joüer, ils prefentent à celui qui donne le Régale un livre, où font écrits les noms de diverfes comedies, afin qu'il puiffe choifir celle qui lui plaira le plus.

Voici de quelle maniére furent difpofées les Tables. Le *Dorgamba* eût fa table particuliére. On fit affeoir tout contre lui, Monfieur l'Envoyé, qui eut auffi fa table à part. Les deux *Adogedas*, qui fuivoient Monfieur l'Envoyé, n'eurent qu'une table en commun. On en apporta deux pour tous les Officiers, & deux autres pour les Serviteurs, affis fur les tapis qui couvroient le plancher. Ce Répas fût trés magnifique.

La boiffon, qui étoit de l'eau de vie chaude, preparée avec de trés bonne eau de canelle, nous fut prefentée dans des taffes d'or, & comme le *Dorgamba* vuidoit la Taffe à chaque fois, nous fûmes obligez de faire la même chofe, quelques excufes que nous puffions alleguer, pour nous en defendre. Pendant tout le tems que nous demeurâmes là, un jeune garçon fe tint derriere le *Dorgamba*, avec un vafe à la main couvert d'un tiffu

de paille, qu'il lui prefentoit lors qu'il vouloit cracher.

Aprés avoir paffé tout ce jour dans la
joie chez le *Dorgamba*, nous prîmes congé, & lors que Monfieur l'Envoyé fut de
rétour à fon Hôtel, il fe vit encore invité
avec toute fa fuite de la part de l'Empereur, pour le lendemain 19. de Decembre. Ce Régal fût des plus magnifique, à
caufe de la celebration d'une grande fête qui
dura trois jours.

L'année fuivante 1694. nous fûmes encore
régalez par ordre de l'Empereur le 6. le 16.
& le 26. de Janvier. Ce fut ce dernier jour
que le *Dorgamba* fit conduire une Pantere à
l'Hotel de Monfieur l'Envoyé, que l'on nous
fit voir dans la Cour.

Le 27. nous allâmes vifiter l'Eglife des Jefuites, qui nous parut belle & proprement
batie. Au dehors fur la ruë, nous vîmes
des orgues. Ces Peres ne voulurent pas nous
laiffer fortir fans nous donner à dejeuner, &
ce fut avec tant d'inftance qu'ils nous prierent
d'accepter ce Regale, qui fut propre & manifi-
que, que nous ne pûmes honnêtement nous en
difpenfer. Il n'y avoit alors dans *Pekin* que
huit Perfonnes de leur Société.

Le 29. au matin il s'éleva un vent de
Nord, qui caufa une forte gelée, & fit tomber

ber beaucoup de neige, qui demeura sur la
Terre jusques au jour suivant.

Le 4. de Fevrier les deux *Adogedas* ap-
porterent à Monsieur l'Envoyé un ordre du
Dorgamba, de se rendre le lendemain au *Pri-*
kasie de *Mongal*, où l'on lui fit savoir que
suivant sa demande, il seroit renvoyé dans
12. Jours. Aprés quoi nous fûmes encore
regalez par ordre de l'Empereur.

Le 15. Sa Majesté envoya dire par un de
ses Officiers à Monsieur l'Envoyé, qu'il eût
à se rendre le lendemain avec les Officiers
& les Cosaques de sa suite, au Palais, pour
y recevoir les Presents. De grand matin les
Chevaux furent à nôtre porte, cependant
nous ne partîmes point qu'aprés avoir été
regalez par ordre de l'Empereur.

Dés que nous fûmes arrivez au Palais, les
deux *Adogedas* nous conduisirent au lieu, où
les Presens devoient être distribuez, voici en
quoi ils consisterent.

Pour Monsieur l'Envoyé, un cheval, avec
la selle, la bride, & tout le reste du Har-
nois. Un bonnet à la Chinoise, garni au
dessus d'une houpe de soie rouge. Une robe de Damas, fourrée de peaux d'agneaux.
Le Damas étoit enrichi d'un tissu d'or, qui
formoit des figures de Dragons & de Serpens. Un *Pojas*, ou Escharpe, accompagnée
d'un couteau, de 6. mouchoirs, & de deux

facs

facs ou efpeces de gibeciere, dont les Chinois fe fervent à mettre du tabac. Une paire de bote de cuir avec une paire de bas de foie. Une piece de Satin, de dix *Arfchins*, & une Panterre. Une piece de *Ludan*, de vint *Arfchins*, feize piecs de *Kitaick*. Sept *Lans* d'argent, de la valeur de quatorze Rifdales.

Les Prefens faits aux Officiers, furent un Bonnet à la Chinoife, garni d'une houpe de foie rouge. Une Robe de Damas fourée de peaux d'agneaux. Une piece de Satin noir, de dix *Arfchins*. Une piece de *Ludan* de dix *Arfchins*, un *Pojas*, avec un couteau, deux Gibecieres à Tabac, & fix mouchoirs. Une paire de botes de cuir, avec une paire de bas de foie, remplis de coton. Seize pieces de *Kitaick*. Un *Lan* & demi d'argent, de la valeur de trois Rifdales.

Les Cofaques & ferviteurs reçurent une piece de Satin de dix *Arfchins*, faifant dix aunes de Hollande, huit pieces de *Kitaick*, & un *Lan* d'argent, qui vaut deux Rifdales.

Le 18. Monfieur l'Envoyé fut prié de fe rendre au *Prikafie* de *Mongale*, où le *Dorgamba* lui fit favoir que le lendemain il trouveroit des Atelages prets devant fon Hotel, de forte qu'il pouvoit fe difpofer à partir.

Il

Il feroit à propos de donner ici au Lecteur une ample defcription de la Ville de
Pekin, de la Religion des Chinois, de leurs
Mœurs, de leurs Coûtumes, & de toutes
les autres chofes, qui en dépendent ; mais
comme d'autres en ont déja donné des Ré-
lations fort étenduës & circonftanciées, je
me contenterai de faire en peu de mots une
defcription de l'Empire de la Chine en général, & de la Ville de *Pekin* en particulier.

Les Peuples Etrangers nomment la Chine
Sina, *Cina*, *Tzina*, & *Schina*. Les Tartares l'ont toûjours appellée *Cathay*. Ceux
de la *Cochinchine* & de *Siam*, lui donnent
le nom de *Sin*. Les Japons & les autres
Peuples des Ifles d'alentour, celui de *Than*,
& plufieurs des Tartares l'appellent *Han*.
Quelques uns par excellence la nomment
la Haute Afie.

Tous ces Noms font inconnus aux Chinois, parce que c'eft la coûtume parmi
eux, que lors que la Domination pafle d'u-
ne Race à une autre, celui qui parvient
au Gouvernement, donne à tout le Païs le
plus beau nom qu'il puifle imaginer. Autrefois la Chine à porté le nom de *Than*,
qui fignifie extremement large Celui de *Yu*
qui veut dire Répos. Celui de *Tha*, qui
fignifie gros, celui de *Sciam*, c'eft à dire vo-

K 5

lupté

lupté. Celui de *Cheu*, qui signifie Parfait, & celui de *Han*, qui veut dire chemin de Lait.

Outre ces diferens noms, les Chinois en ont toûjours retenu deux généraux. Le premier est celui de *Cungchou*, qui signifie le Royaume du Milieu, & l'autre celui de *Chunque*, qui signifie le Jardin du Milieu. Car ils s'imaginent que la Terre est quarrée, & que leur Païs est justement placé au milieu.

Environ l'an 2254 avant la Naissance de JESUS-CHRIST, cet Empire fut divisé sous l'Empereur *Xucus* en douze Provinces, & ensuite sous son successeur *Iva* en neuf, qui ne comprenoient alors que le Païs du Nord, jusques à la grande Riviere de *Kiang*. Mais lors que le Pays du Zud y fut ajouté, l'Empire se divisa en quinze Provinces. Ces Provinces avoient anciennement leurs propres Rois, qui étoient des Monarques Souverains; mais ayant été subjuguées 3000 ans avant la Naissance de JESUS-CHRIST, on établit en chaque Province un Viceroi, ce qui se fait encore aujourd'hui.

La Chine se divise aussi en Septentrionale & en Meridionale. La Septentrionale qui a toûjours été appellée par les Tartares *Cathay*, contient cinq Provinces, savoir *Pekin*, *Xantung*, *Xansi*, *Xiemsi*, & *Homan*, ou autrement sept, si on y ajoute *Leatung* & la presque

que Ifle *Corea*. La Chine Meridionale que les Tartares nomment *Mangin* comprend les Provinces de *Narking*, de *Chekiang*, de *Kiangfi*, de *Huquanq*, de *Suchuen*, de *Quëicheu*, de *Junnan*, de *Quangfi*, de *Quantung*, & de *Fochien*, ou *Fokien*.

Ces deux Parties de la Chine font feparées par le grand Fleuve *Kiang*, qui pour fa grandeur & la quantité de fes eaux, eft nommé par les Chinois, *le Fils du Grand Océan*.

Cet Empire eft borné à l'Orient par la Mer Orientale que les Chinois appellent *Tung*, c'eft-à-dire, *Vers le Matin:* au Septentrion par la grande Muraille, qui fepare la Chine de la Tartarie : à l'Occident par les Monts *Damafiens*, jufques aux Frontiéres de *Bengale:* au Midi, par la Mer & la *Conchinchine*, Tributaire du Royaume de la Chine.

Toute fa largeur, depuis l'Ifle de *Heinan* au 18. degré de latitude jufques au 42. eft de 330. (360.) lieuës. Sa longueur d'Occident en Orient s'étend depuis le 112. degré jufques au 134. prés de la Ville de *Ningpo*, ou *Nampo*, ce qui fait 450. lieuës, à 15. lieuës le degré. Chacune de ces lieuës contient 22. Lis Chinois.

A compter d'une autre maniére, la Chine s'étend depuis le 18. ou 19. degré de latitude jufques au 43. ou 44. & depuis le 147.

de longitude jufques au 166. Ou bien depuis le 145. jufques au 172. Ce qui fait environ 24. degrez de latitude, du Midi au Septentrion, & 18. ou 20. & même 25. dégrez de longitude d'Occident en Orient.

Tout ce Païs eft muni fur fes Frontiéres, tant par la Nature que par l'induftrie des hommes, de puiffantes Fortereffes, qui en défendent l'entrée aux Ennemis. A l'Occident, il a les Monts *Damafiens*, par lefquels il eft impoffible de fe frayer un chemin; & en partie le Défert de *Xama*; qu'une Armée ne fçauroit traverfer, manque de fourage. Au Septentrion, il eft défendu par la grande Muraille, qui 215. ans avant la Naiffance de JESUS-CHRIST, commença à être bâtie par l'Empereur *Chius*, & qui fut achevée en cinq ans de temps, c'eft affûrément un Ouvrage admirable, que l'on peut juftement placer entre les Merveilles du Monde. A l'Orient & au Midi, il a pour rempart l'Océan Oriental, qui à caufe des Ecueils, du peu de profondeur, & des Bancs de Sables, eft fi dangereux, qu'une Flote ne fçauroit aborder nulle part, ou du moins en bien peu d'endroits. Je ne m'étendrai pas davantage fur ce grand Empire de la Chine.

Depuis que les Jefuites y ont une libre entrée, ils ont divifé fon étenduë de cette

ma-

maniére. 1. En seize Provinces, trés-belles & trés riches, dont chacune merite le nom de Royaume. 2. En cent vint huit Provinces plus petites, dont la plûpart ont chacune 12. ou 15. Villes trés belles. 3. ils comptent dans toutes ces Provinces, 180. Villes mediocres. 319. grandes Villes, & 1272 petites. Ce qui fait en tout 1771. Villes.

Pekin, Ville Capitale de l'Empire, à pris son nom de la Province de ce même nom. A l'Orient elle a le Golfe, qui est entre *Japan* & *Corea*, au *Nord-Est* la Province de *Leaotung*. Au *Nord* la grand Muraille, & une partie de l'ancienne Tartarie. A l'Occident la Province de *Xansi*. Au *Zud-Oüest* la Riviére *Jaune*, & au *Zud-Zud-Est* la Riviére de *Guei*.

La Province de *Pekin*, se nomme aussi *Pecheli*. C'est celle de toute la Chine qui est le plus au Nord. La Ville de *Pekin*, à laquelle on donne aussi le nom de *Xuntien*, est située dans une Plaine.

Cette Province comprend huit Villes du premier ordre, que les Habitans du Païs nomment *Ju*. Ces Villes sont *Pekin*, *Paotung*, *Hokien*, *Chintin*, *Xunte*, *Quanpin*, *Tamin*, & *Junpin*.

Pekin, Siége ordinaire des Empereurs, est à 39. degrez 59. minutes d'élevation, presque à l'extrémité du Nord de la Province de ce nom,

&

& à une petite distance de la grande Muraille. Du côté du Zud, elle est fortifiée par deux murailles épaisses & hautes. Celle qui renferme le faubourg, n'a rien que de commun, & ses Ouvrages les plus considérables font trois Boulevarts assez forts, que l'on a construit à chaque côté des Portes.

On entre dans ce faubourg, par un Pont bati fur une eau courante, qui coule vers le Nord au pié des Murailles, & qui est comme le Fossé de la Ville; Aprés avoir traversé ce Pont, on se rend à la Ville par la Porte du Zud, & avant que d'y arriver, il faut faire plus d'une demi-heure de Chemin, aprés quoi l'on trouve un Boulevard d'une hauteur extraordinaire & toute particuliere.

Lorsque l'on prend à côté, on arrive à un Bastion, sur lequel on a posté du Canon, & de-là, par la vielle Porte à la Ville. On fait aux Boulevards & aux Tours dont la Muraille est fortifiée tout autour de la Ville, une Garde aussi forte que si elle étoit assiegée par les Ennemis. De jour, ce font de certains Oficiers de la Cour qui font la Garde, non pas tant pour defendre la Ville, que pour recevoir les Droits d'entrée & de sortie.

Les Maisons des Bourgeois paroissent assez belles, celles des Grands Seigneurs ont beaucoup d'ornement, & les Arcs de Triomphe font d'une magnificenne achevée. Les Temples

ples, ou *Pagodes*, portent plufieurs tours
ort élevées, & baties d'une maniére fuper-
)e.

Pour ce qui eft des Ruës de cette belle &
grande Ville, elles font trés vilaines, y en
ayant fort peu qui foient pavées, comme ce
a fe pratique Ailleurs. Le manque de pier-
es ne peut pas en être la caufe, il faut qu'il
y ait quelque autre raifon importante, car
autrement les Habitans de *Pekin* ne foufri-
oient pas un defaut, qui obfcurcit toute la
beauté de leur Ville, & leur caufe une fa-
cheufe incommodité, tant par la boue que
par la pouffiere, fur tout par un vent de
Nord.

Car en Eté, lors que la fechereffe dure
long-tems, ce qui arrive communement en
ce Pays-là, où il ne pleut que fort rarement,
a terre, melée de Salpetre & d'autre matiére
legere, fe convertit toute en pouffiere, dont
il s'eleve, par le moindre vent, un fi épais nua-
ge, que non-feulement il envelope toute la
Ville & remplit les yeux, la bouche & les na-
rines de ceux qui fortent, mais il penetre
auffi toutes les maifons, jufques dans les lieux
es mieux fermez, de forte que les meubles
& les habits font toûjours couverts de cette
vilaine pouffiere.

Pour fe garantir de cette incommodité,
ou du moins pour tâcher à la diminuer, ceux

qui

qui vont dans les Ruës à pié, ou à Cheval,
pour peu de bien qu'ils aient, portent sur la
tête un voile qui leur vient jusques à la poitrine ; & comme c'est une étofe claire comme du crepe, qui leur couvre le visage, elle
garantit leurs yeux de la poussiére, sans les
empecher de voir.

Un autre avantage que ce voile apporte aux
habitans, c'est que ne pouvant être connus,
lors qu'ils en sont envelopez, ils se voient deli-
vrez de plusieurs compliments & ceremonies
incommodes, que les Chinois pratiquent re-
ligieusement, la coûtume du Païs, ne leur
permettant pas d'y manquer en aucune maniére.

Toutes les Femmes de la Chine sont d'u-
ne petite taille, & celle de la premiére qualité ont les piés extremem ent petits, ce qui
passe parmi - elle pour une grande beauté.
Dés quelles sont nées, on a grand soin de
leur lier étroitement les piés, de peur qu'ils
ne croissent, ce qui se fait par de certains Instrumens, qui les pressent de maniére, qu'ils
ne peuvent parvenir à leur grosseur naturelle. Aussi les femmes en demeurent-elles à
moitié estropiées, de sorte qu'elle marchent
fort peu. Il arrive même souvent, que cette
gesne où l'on met les piés des femmes dés
leur enfance, leur ôte tellement la nourriture,
qu'ils en déviennent tout seis.

Com-

Comme c'eſt une grande honte aux femmes de la Chine de faire voir leurs piés nus,
elles ont beaucoup de ſoin de les tenir couverts.

On trouve par toute la Ville, dans les
Rües, aux Carrefours, aux Portes & ſur les
Ponts, des Chevaux & des Anes, ſur leſquels on peut aller par toute la Ville tout un
jour, pour un prix fort mediocre. Celui qui
loue ces Chevaux, ou ces Anes, marche devant pour faire place parmi la foule. Car
toutes les Rües de *Pekin*, ſont remplies d'u-
ne prodigieuſe quantité de monde, les uns
amuſans les autres, par des tours de ſou-
pleſſe. On voit en un endroit des Danſeurs
e corde, & en l'autre un faiſeur d'Hiſtoire
u de Contes, qui a pour l'ordinaire une
roſſe troupe d'Auditeurs.

Celui qui déſire être inſtruit plus particu-
iérement de la ſuite de l'Hiſtoire ou du Con-
e, eſt invité par le Conteur, d'entrer dans
e Cercle, où il y a des Bancs pour s'aſſeoir.
n donne pour cela une certaine piéce de
onnoie de cuivre, que les Chinois nom-
ent *Seuſſe*, au milieu de laquelle il y a un
etit trou quarré, par lequel on paſſe cette
onnoie ſur un ruban oü ſur une corde,
uſques à une fort grande quantité. Le
lus ſouvent elle eſt marquée de quatre let-
res.

L

Dix

Dix de ces piéces, font un de leurs fous, & quatorze, un fou de Hollande. Mais quand les Chinois achettent quelques marchandifes, ils ne fe fervent pas de cette monnoie pour le payement, ils ont des lingots d'argent, qu'ils coupent par morceaux, & qu'ils pefent pour la valeur de ce qu'ils ont acheté, c'eft pourquoi ils portent toûjours des Forces ou grands Cifeaux pour couper l'argent, & une balance avec les poids dans une layette, pour le pefer. Ceux qui reçoivent ces morceaux d'argent, les refondent & reduifent en nouveaux lingots, qu'ils coupent enfuite par morceaux, lors qu'ils font obligez de faire quelque achat.

On trouve encore dans les Ruës de *Pekin*, quelques Perfonnes qui, avec une pierre, fe frappent horriblement la poitrine, & d'autres, qui fe donnent du front à terre contr une pierre, avec tant de force que fouvent l fang en fort & ruiffelle fur tout le vifa ge, & tout cela afin de recevoir quelque aumones.

Ou trouve auffi dans ces mêmes Ruës plu fieurs Auberges, qui ont chacune pour en feigne une planche, fur laquelle on voit écri de quelle maniére on y peut être traité. Ce Auberges font fort propres au dedans & l'o y eft fort bien fervi.

Nankin étoit autrefois la Ville où les Em pereu

‑péreurs ténoient leur Cour ; mais *Pekin* en eſt devenu le ſiége, depuis que l'Empereur *Taikungus* quita en 1404. cette premiére place, pour faire ſa demeure en celle-ci, d'où il pouvoit plus facilement s'oppoſer aux ir‑ruptions continuelles des Tartares. Quoique *Pekin* ſoit ſitué dans un lieu fort infertile, néanmoins la grande quantité des Canaux, qui y aboutiſſent, & le nombre infini des Bar‑ques qui y abordent de tous les endroits de la Chine, ont rendu cette Ville ſi riche & ſi abondante, qu'elle eſt devenue le Magaſin de tout l'Empire. Et c'eſt de-là que vient ce provérbe, *il ne croit rien à Pekin, & ce‑pendant rien n'y manque.*

Mendoza, en parlant de la grandeur de cette Ville, dit qu'il faudroit qu'il montât un trés bon cheval pour pouvoir ſe rendre en un jour d'une Porte à une autre, ſans conter le Faubourg qui eſt d'une vaſte éten‑duë. Ce mot de *Pekin* ſignifie la Cour du Septentrion, & il a reçû ce nom, depuis que le Siége des Empereurs y a été tranſporté de *Nankin*, qui veut dire la cour du Mi‑di. La Ville & le Faubourg ont ſix gran‑des lieuës d'Allemagne de circuit, à 3600. pas chaque lieuë, ſi bien que *Pekin*, eſt quatre fois plus grand que Paris. Il eſt ſi prodigieuſement peuplé, que les Perſonnes y habitent les unes ſur les autres. Quelques

uns

uns font monter le nombre des Habitans, à trois millions d'ames. Cependant, *le Pere Louis le Comte*, dans *les Nouveaux Memoires* qu'il a donné *sur l'Etat present de la Chine*, n'oseroit l'étendre à plus de deux millions de personnes, excepté la grande quantité d'étrangers, qui se rendent tous les jours au marché. Les Rües de cette grande Ville, sont presques toutes tirées au Cordeau, les plus grandes sont larges d'environ six vints piés, & longues d'une bonne lieuë, bordées presques toutes de Maisons marchandes, remplies d'étofes de soie, de Porcelaine, de vernis & de plusieurs autres marchandises.

Les Anciens Geographes se sont beaucoup trompez en faisant de *Cathai* un Royaume separé de la Chine, & en y posant pour Ville Capitale *Cambalu*, mot qui se dit ainsi par corruption au lieu de *Campelu*, ce qu'ils ont fait pour n'avoir pas bien entendu la signification de ces mots. *Kathai* ne signifie autre chose que les six Provinces du Septentrion, & *Campelu*, dont on a fait *Cambalu*, est composez de ces trois mots d'une Syllabe, *Cam pe lu*. *Cam* est un mot Tartare, qui signifie *Grand*. *Pe* & *Lu* sont des mots Chinois, dont le premier signifie *Septentrional*, & l'autre *Tartare*. On ne doit entendre autre chose par *Campelu* que *Pekin*, ou pour mieux dire *Pechin*, c'est à dire *La Chi-*

ne

ne du Nord. *La Cour Septentrionale de la Chi-*
ne, La Grande Ville Capitale du Nord. C'eſt
ainſi qu'en parle le Pere *Riccius.* Comme
la Majeſté du Prince eſt au deſſus de tout
ce qu'il y a de plus grand & de plus élevé
dans l'Empire, de même *Pekin,* qui renferme
la Cour, ſurpaſſe en ſplendeur & magnificence toutes les autres Villes de la Chine;
bien que *Nankin* ſoit d'une étenduë plus vaſte, & que ſes ruës ſoient beaucoup plus belles que celles de *Pekin.*

CHAPITRE XII.

Monſieur l'Envoyé part de Pekin *avec*
toute ſa ſuite pour retourner en Moſco-
vie. Ville détruite. Statuë dorée re-
preſentant une femme à douze têtes &
pluſieurs mains d'une grandeur ſurpre-
nante. Arrivée à Naun. *Fille poſſe-*
dée du Diâble dans la Maiſon, où l'Au-
teur étoit logé; On lui rend de grands
honneurs, de même qu'à une Sainte.
Départ de Naun. *Paſſage d'une haute*
Montagne. Il tombe une grande quan-
tité de neige qui couvre la terre de la
hauteur d'environ trois piés. La Rivié-

re

re de Laduna. *Les* Mongales *mettent le feu à l'herbe seche de la Campagne, ce qui expose Monsieur l'Envoyé & tous ceux de sa suite, à un grand danger de la vie. Plusieurs sont endommagez par les flâmes. Extrême disette de vivres. Pain de seigle acheté fort cher. La plû-part de ceux de la suite de Monsieur l'Envoyé, tombent malades, pour avoir mangé trop avidement de ce pain. Arrivée* Nertzinskoy. *Course des Cosaques & des* Tunguses *de* Nertzinskoy *sur les* Mongales.

CE fut le 19. du mois de Fevrier, que nous sortimes de *Pekin* pour retourner à *Moscou.* Les deux *Adogedas* & plusieurs autres Seigneurs nous accompagnerent jusques au premier village. A cinq journées de chemin de *Pekin,* le *Surgutschey,* qui avoit ordre de l'Empereur de nous conduire jusques à *Naun,* nous fit passer par une Ville ruïnée & detruite. Nous y trouvames des Temples, dans l'un desquels nous vimes une Statue d'argille, dont la dorure étoit fort épaisse, representant une femme de la hauteur d'environ 45. piés ayant douze têtes & plusieurs mains. Elle avoit une fille, qui paroissoit sur la galerie du Temple sur un

lit

lit de coton dans de trés beau Damas, dont la couverture étoit trés riche.

Le 30. de Mars nous arrivames prés de la Ville de *Naun*, au village de *Suttigarskoy*.

Le soir du Jeudi Saint, qui étoit le 5. d'Avril, il arriva, dans la maison où j'étois logé, une avanture surprenante. La fille du Logis, qui étoit possedée du Diable, se mit à faire des cris si horribles, & des actions si furieuses que les femmes qui se ténoient auprés d'elles, eurent bien de la peine à la retenir, pour l'empêcher de faire du mal. Aprés avoir été pendant quélque tems agitée de cette maniére, elle commença à chanter fort agreâblement ce qui dura plus d'une demi-heure; aprés quoi les femmes se mirent aussi à chanter quelques vers, auquels elles repondit en chantant comme elles.

La curiosité m'ayant porté à demander la cause de cette aventure, on me répondit qu'il y avoit dans le voisinage un enfant malade, & que cette fille prophetisoit s'il releveroit de cette maladie, ou s'il en mourroit. Aussi lui rendit-on les mêmes honneurs qu'à une grande Sainte. Dés que toutes ces ceremonies furent achevées, les femmes du voisinage se retirerent, & sa Tante, sœur de sa mere, qui demeura auprés d'elle,

le,

le, ayant pris quelque drogue dans une boite, qu'elle ténoit à la main, elle la mit sur des charbons ardans, & lui en parfuma le visage, ce qui la fit revenir à elle, & lui ouvrir les yeux.

Le 14. d'Avril nous partimes de *Naun*, avec un Envoyé Chinois de la Ville de *Margenn*, que l'Empereur envoyoit au *Waywode* de *Nertzinskoy*.

Le 23. nous traversames une haute montagne, & comme tout d'un coup il tomba une si grande quantité de neige, que la terre en fut couverte de la hauteur de 3. piés, nous employames tout le jour à ce Paffage, qui nous fut extrémément penible.

Le 25. nous abandonnames la vieille route, à caufe du danger qui nous menaçoit. Car le *Tungufe*, qui nous fervoit de Guide, nous avertit que fur ce chemin, il y avoit plus de trois ou quatre mille Cabanes de *Mongales*, qui nous attendoient au paffage, refolus de nous faire un méchant parti. Ce fut donc pour éviter de tomber entre leurs mains, que Monfieur l'Envoyé refolut de prendre à la droite.

Le 27. nous arrivames prés de la Riviére de *Laduna*, où nous nous arrétames un jour. Depuis *Naun* jufques à cette Riviére, nous avions pris deux jours de repos. Le

2. de Mai, nous traverſames la Riviére de *Kailar*.

Le lendemain 3. au matin, nous fumes ſurpris par un embraſement ſi épouvantable, que pour éviter nôtre perte, nous ne ſçavions de quel côté nous tourner. Cet embraſſement étoit cauſé par la malignité des *Mongales*, qui avoient mis le feu à l'herbe qui croit dans ces déſerts, & qui n'étant point coupée, demeure ſeche pendant l'hiver. Il faiſoit un ſi grand vent que la flame portée avec rapidité, ne nous donna pas le tems d'enlever nos Tentes. Monſieur l'Envoyé, qui eſperoit au moins de ſauver nos chariots, rangez les uns contre les autres, pour nous ſervir de defenſe, commanda 200. hommes pour les tirer du feu, mais tous leurs éforts furent inutiles. On ne ſauroit exprimer le bruit horrible des flâmes agitées par le vent, & nous étions alors dans un ſi grand déſordre, que ſi les *Mongales* nous euſſent attaquez, pas un de nôtre troupe n'auroit pû ſe ſauver.

A l'égard de nos bêtes, nous les mîmes en ſureté le mieux que nous pûmes, & pour nôtre bagage, la perte n'en fut pas grande. Dix des nôtres fûrent beaucoup endommagés par le feu, mais ils fûrent tous aſſez promptement gueris, à la reſerve d'un Moſ-

covite

covite, fur lequel le feu avoit agi fi violem-
ment, qu'il en mourut le 21. Mai.

Ce funefte accident nous ayant mis dans
une grande difete de vivres, & privé de la
plus grande partie de nos Beftes, qui mourroient de faim, parce que le fourage dont elles fe nourriffoient, vénoit d'être confumé par
le feu, Monfr. l'Envoyé depécha trois Cofaques avec une lettre au *Waiwode* de *Nertzinskoy*, pour le prier de nous envoyer promtement des vivres & des Bêtes. Ceux à qui
il refta des Chevaux & des Chameaux, ven-
dirent les Chevaux 40. à 50. Ducats la piece,
& les Chameaux 70. à 80.

Le 8. de Mai, nous arrivâmes à la petite
Riviére de *Margenn*, prés de laquelle nous
nous arrêtames deux jours, pour rafraichir
nos Bêtes par le nouveaux fourage que nous
y trouvâmes. Dans ce grand Défert, nous
perdîmes un Mofcovite de nôtre fuite, qui
en voulant chercher fon Cheval, qu'il avoit
perdu, fe perdit lui même.

Le 12. nous nous rendîmes prés de la
Riviére de *Gana*, que nous traverfames a-
vec nos Chevaux & Chameaux chargez de
bagage. Nous nous arrêtames là encore
deux jours, à caufe de la beauté du lieu.
On y voyoit par tout de la verdure, &
les Arbres tout couverts de feuillages, au
lieu qu'à quatre journées de-là dans les lieux

où

où nous avions paſſé, tout étoit ſec & ar-
ride, ſans qu'on y pût découvrir la moindre verdure.

Le 15. nous rencontrâmes quelques Perſonnes d'*Argun*, avec des vivres & des Relais, qu'ils nous amenoient par l'ordre du
Waywode de *Nertzinskoy*. Ce fût fort à
propos qu'ils arriverent, car nos Bêtes,
étoient tellement fatiguées, qu'elles ne pouvoient plus avancer, & pour nous faute de
vivres, nous ne pouvions ſubſiſter longtems,
de ſorte que nous nous trouvions dans la
derniére neceſſité. Si ce ſecours eût tardé
deux jours, nous aurions été contraints de
tuer nos Chevaux pour les manger. Outre cette extréme neceſſité, pluſieurs Perſonnes de nôtre ſuite étoient tellement fatiguées, pour avoir fait une partie du chemin de ce Déſert à pié, qu'elles ne pouvoient plus marcher. Enfin nous avions
ſoufert tant de maux & couru de ſi grands
dangers durant cette route, qu'ils eſt preſque impoſſible d'en bien faire la deſcription.

Ces gens d'*Argun* nous vendîrent un pain
de ſegle, du poids d'environ cinq livres.
Nous leur en donnâmes une piece de *Ki-*
taick, qui ne valoit en ce lieu-là, que cinq
Copek, ou une Riſdale, au lieu qu'en Moſcovie on l'achete ordinairement un *Rubel*,

& à *Pekin* trente *Kopek*. Nous leur donnâmes aussi pour deux petits brochets secs,
une piece de *Kitaik*.

Le 19. nous arrivâmes prés de la Riviére d'*Argun*, à une bonne journée de la
Ville de ce nom. Le 20. il tomba une
grande quantité de neige, & le 21. nous traversâmes cette Riviére.

Le 25. nous continuâmes nôtre Route;
aprés nous être fournis de vivres pour jusques à *Nertzinskoy*. Nous fûmes obligez de
donner pour le *Pude*, ou quarante livres de
biscuit de seigle, huit pieces de *Kaitak*, la
piece étant estimée une Risdale; & pour le
Pude de farine de seigle, quatre pieces de
Kitaik, au lieu qu'en Moscovie le *Pude* de farine ne se vend que trois ou quatre *Copek*, &
en Siberie quatre ou cinq.

La plûpart de ceux de nôtre suite, qui
mangerent un peu trop avidement de ce pain,
en devinrent malades, & nous fûmes long-
tems à nous y accoûtumer, parce que pendant six mois, nous n'en avions pas gouté.
Au sortir d'*Argun*, Monsieur l'Envoyé prit
les devants jusques à *Nertzinskoy*, avec un Alleman, & un Russe de sa suite.

Le 1. de Juin, nous nous rendîmes à une
petite Riviére, que nous fûmes obligez de
traverser; mais comme elle étoit alors fort
enfiée, nous nous depouillâmes, & la passâmes

mes à la nage avec nos chevaux, nos habits étant porté par nos gens, qui nous suivoient. Ce fut de cette maniére que nous arrivâmes le 2. à *Nertzinskoy*, où toute la Caravane nous joignit le 9.

Le 13. trois *Tungufes* nous ramenerent le Mofcovite, que nous avions perdu le 8. de Mai. Il demeura trois jours errant dans le Défert, & ne fe nourriffant que d'herbe & de racines. Les *Tungufes* nous raconterent qu'ils avoient eu beaucoup de peine à l'obliger à fe remettre entre leurs mains, & que même ils n'auroient jamais pû l'aprocher fi lui & fon Cheval n'avoient été abatus de laffitude. La raifon de cela eft, que ce Mofcovite prenant ces *Tungufes* pour des *Mongales*, craignoit qu'ils ne les taillaffent en pieces.

Le 3. de Juillet nous partîmes de *Nertzinskoy* pour *Udinskoy*. Ce même jour l'Envoyé Chinois, qui depuis *Naun* avoit fait le Chemin avec nous, partit auffi de *Nertzinskoy*, & Monfr. l'Envoyé depecha deux Perfonnes à Mofcou, pour informer Sa Majefté Czarienne de nôtre retour de la Chine.

Nous avons parlé en paffant du butin que les Ruffes firent fur les *Mongales*; voici de quelle maniére la chofe arriva.

Comme les Mongales enlevoient foûvent du Betail aux Ruffes, & que cela continuoit

tous

tous les jours, 350. Cofaques de *Nertzins-koy*, & 500. Tungufes s'étant affemblez l'hiver, du tems que nous étions à *Pekin*, firent pour fe vanger des Courfes de *Nertzinskoy* dans le défert, pendant un mois. Ils eûrent tant de fuccez dans leur entreprife, qu'ayant rencontré dans un certain lieu un grand nombre de cabanes des *Mongales*, ils les attaquerent & s'en rendirent les maîtres. Aprés avoir maffacré tout les viellards, & pris prifonniers les jeunes gens pour les vendre, ils entrerent plus avant dans le défert, où ayant trouvé plufieurs autres cabanes, ils les traiterent comme ils avoit fait les premiéres, maffacrant tous les viellards & emmenant prifonniers tous les jeunes gens, dont ils firent un fort grand butin.

CHAPITRE XV.

Arrivée à Plotbus. *Lacs, auprés defquels l'Ambaffade paffe. Ceux que Monfieur l'Envoyé avoit depéché à* Mofcou, *à Sa Majefté Czarienne, font dépouillez par les* Mongales, *& contraints de s'en retourner tous nus. Arrivée à* Udinsko.

Voyá-

Voyage par eau à Irkutskoy. Arrivée en cette Ville, à Solokamsko, & enfin à Moscou.

CE fût le 13. de Juillet que nous arrivames à *Plotbus*, nous en partîmes le 14. & paſſames le 15. auprés du Lac de *Schak*, & le 16. auprés de celui de *Jeravena*, prés duquel on en voit trois autres.

Le 25. ceux que Monſieur l'Envoyé avoit depêché à Moſcou, vinrent nous rejoindre, ſans avoir executé leur commiſſion. Ils nous aprirent qu'à deux lieuës d'Allemagne d'*Udinsko*, ils avoient été attaquez par trente *Mongales*, qui les avoient entiérement depouillez, ne leur ayant laiſſé autre choſe, que les lettres, qu'ils leur avoient renduës. Ils ajoûterent que ces *Mongales*, aprés avoir deçoché la plus grande partie de leurs fleches, s'étoient aprochez, & leur avoient promis la vie, pourvû qu'ils rendiſſent, ſans faire aucune reſiſtance, leurs chevaux & tout ce qu'ils avoient, & qu'ils leur laiſſaſſent ramaſſer leurs fleches. Le grand nombre des Ennemis les ayant obligez à accepter ces propoſitions, les *Mongales* aprés avoir ramaſſé leurs fleches, leur ôterent tout, même leurs habits, & les renvoyerent tout nuds.

Le

Le 22. nous traversâmes une petite Riviére, nommée *Ana*, qui se décharge dans l'*Uda*, & le 26. la Riviére de *Kurba*, qui est rapide & assez large, & qui se rend aussi dans l'*Uda*. Le 27. aprés midi, nous arrivâmes à *Udinsko*, & ce fût-là, que finit nôtre voyage par terre.

Nous y vendîmes nos Chameaux & nos Chevaux, dont nous ne reçûmes l'un portant l'autre que cinq *Rubels* de la piece, au lieu que nous avions acheté les Chameaux trente cinq & quarante *Rubels* la piece, & les Chevaux dix à quinze *Rubels*.

Le 28. nous partimes d'*Udinsko* sur deux grosses Barques, pour *Irkutskoy*, où l'*Uda* se decharge à la droite dans le *Selinga*. Ce même jour au soir, nous abordames à un gros village, nommé *Saimkojam* situé au côté droit de la Riviére de *Selinga*.

Le 29. aprés Midi, nous partimes de ce village, & arrivames le 31 de bon matin à l'entrée du Lac de *Baikal*, où nous demeurames deux heures sans avancer. Il nous fallût travailler durant trois *Werstes* de chemin pour faire descendre nos Barques, avant que d'avoir un bon vent pour faire voile. Sur le soir il se rendit contraire, de sorte qu'il nous fit reculer un grand espace de chemin, jusqu'à ce qu'enfin nous trouvâmes un endroit propre à mouiller l'ancre.

Le

Le tems s'étant néanmoins remis & le vent apaifé, nous entrâmes le lendemain avant le lever du Soleil dans le Lac, & nous nous rendîmes enfuite heureufement dans la Riviére d'*Angerie*, fur laquelle nous arrivâmes le 1. d'Aouft, aprés midi à *Irkutskoy*. Nous en partîmes le 5. aprés midi pour *Jenekisko*, & le 11. nous abordâmes à *Aftrock Bratskoy*, fitué à la gauche fur la Riviére d'*Angerie*, dans laquelle fe rend du même côté au deffous de *Bratskoy*, un Fleuve fort large. Ce même jour aprés midi, nous quitâmes *Bratskoy*, & à environ une *Werfte* de-là, nous traverfâmes un *Poroge*, ou chûte d'eau, nommé *Pogmely*, qui s'étendoit affez loin. A une petite diftance de-là, nous en traverfâmes un autre, nommé *Pyran*, beaucoup plus grand que le premier. Nous étions prefque au bout de cette Chûte d'eau, lors que nous nous trouvâmes dans un endroit, où nôtre Barque fit deux fois le tour en rond.

Le 12. ayant rencontré un autre *Poroge* nommé *Poduna*, nous fimes decharger nos Barques, & tout ce qui étoit dedans, fut porté par les *Tungufes*, qui habitent là autour à plus d'une demie *Werfte* de Chemin. Cette chûte d'eau eft extremement dangereufe parce qu'elle eft portée avec rapidité, dans un lit étroit & fort inegal. Auffi ne pou-

M

vions-

vions-nous voir fans frayeur nos Barques inceffamment agitées fur cette eau , d'une fi terrible maniére , que nous croyons à tous momens qu'elles alloient renverfer.

Le 13. nous traverfâmes encore un grand *Poroge*, nommé *Dolge Porege*, de la longueur de quatre ou cinq *Werftes*, & le 14. nous nous arretâmes prés du *Poroge Skamansko*. Le 15 un Païfan de-là autour qui connoiffoit fort bien cette eau , fit paffer nos Barques l'une aprés l'autre , toutes chargées fur ce *Poroge* long de trois *Werftes*. Il arrive rarement que les Barques y paffent avec toute leur charge , mais comme cette fois-là l'eau étoit fort haute , il n'y avoit pour nous aucun danger.

Le 16. nous laiffâmes derriére nous , la Riviére d'*Ilim* , & nous nous rendîmes à celle de *Tungusko*, dans laquelle fe dechargent , à la droite , la Riviére d'*Ilim* , & à la gauche le Fleuve *Angerie*. Nous traverfâmes ce même jour un autre *Poroge*, & laiffâmes derriére nous la Riviére de *Kata*. Le 19. nous fûmes encore porter fur trois *Poroges*, & nous rencontrâmes l'exprés André *Krukhof* que Monfr. l'Envoyé avoit depeché de *Nertzinskoy* à Mofcou.

Le 22. nous laiffames derriére nous à la droite, la Riviére de *Kamen*, & aprés avoir

enco-

encore paſſé un dangereux *Poroge*, nous arrivames ce même jour à *Jenckisko*.

Nous en partimes le 1. de Septembre, &
fimes le Voyage par terre juſques à *Makofs-*
ko, où nous arrivames le 3, & d'où nous nous
rendimes le 7. à *Toblosko*.

Le 12. aprés Midi, nous nous arétâmes
prés d'un Cloitre, que nous quitames vers le
ſoir.

Le 23. au matin, nous arrivames à *Jam*
Kettskoy, d'où nous partimes avant midi.
Le 26. nous nous rendimes ſur le ſoir à la
Ville de *Narcin*, ſituée à une *Werſte* de la
Riviére d'*Oby*. Nous en partimes le 28. &
le 29. un furieux vent de Nord nous con-
traignit de prendre terre, où nous nous a-
rétâmes toute la nuit & toute la matinée
du lendemain 30.

Comme le vent de Nord nous fût encore contraire, le 3. d'Octobre, nous fûmes
contraints de nous arrêter le ſoir de ce jour-
là, & la nuit ayant continué nôtre route,
nous laiſſames derriére nous le Fleuve *Wa-*
che. Le 4. le vent de Nord ayant recom-
mencé à ſoufler, nous fûmes obligez de nous
arrêter depuis l'aprés-midi juſques au lendemain au matin. Cependant il ſurvint une
forte gelée, qui nous incommoda beaucoup.

Le 8. nous abordames, faute d'eau, à
Surgut, & ſur le ſoir, nous continuâmes nô-
M 2 tre

re route. Le 9. il s'élevä au commencement de la nuit, un ſi rude vent de Nord,
accompagné de neige & de gelée, que nous
fumes contraints de nous mettre à terre &
d'y demeurer juſques au 2. que la gelée commença à n'être pas ſi forte. Nous nous arretames auſſi, à cauſe de la violence du vent,
le 12. depuis Midi juſques, au lendemain
matin. Le 13. nous laiſſames derriére nous,
deux Villages, le 14. nous nous rendimes
avant Midi dans l'*Irtis* & le 15. de bon
matin nous arrivames, par la grace de Dieu,
heureuſement à *Samorskojam*.

Comme Monſieur l'Envoyé ſe trouva in-
diſpoſé, il ne pût pas à cauſe de la rigueur
du froid; pourſuivre le Voyage par eau. Il
demeura donc à *Samorskojam*, pour ſe re-
tablir. Le 5. de Novembre toute la Riviére d'*Irtis* fût fermée par les glaces. Le 14.
nous étant mis ſur des Traineaux, nous arrivames le 16 de *Samorskojam* à *Demjamsko*,
& le 24. à *Tobolsko*.

De *Samorskojam* juſques à *Tobolsko* nous
vimes pluſieurs *Oſtaques*, & quantité de Cabanes des Tartares, faites de bois. Le Chemin de l'une de ces Villes à l'autre, n'eſt
preſque pas batu, parce qu'il y paſſe fort
peu de monde, & que le Voyage ſe fait ordinairement par eau.

Le

Le 17. Decembre nous partimes sur le soir de *Tobolsko*, & nous nous rendimes le 20 aprés Midi, à *Tumen*, d'où étant partis le 21. au soir, nous arrivames le 23. au matin à la Ville de *Japantshin*. Nous en sortimes le 24. & le 27. nous nous rendimes à la Ville de *Wergotur*, d'où nous partimes le lendemain 28. sur le soir.

Le premier jour de l'année 1695. nous arrivames à la Ville de *Solokamsko*, nous en partimes le 2. Janvier, & arrivames le 5. à la Ville de *Kaigorod*. Nous sortimes de cette derniére Place le 6. & nous nous rendimes le 8. à *Jam-Uusga*, situé sur la Riviére de *Sisella*, le 9 à *Jam Pyoldie*, d'où nous partimes le même jour à Midi, & le 11. à *Jam-spas-Uspilsko*. Ce même jour vers le soir, nous poursuivimes nôtre Route.

Le 12. nous nous rendimes de bon matin à Saint *Solo Witzogda*, nous en sortimes le 13. vers le soir, & le 14. nous arrivames à la Ville d'*Ustaga*. Nous en partimes le lendemain au soir 15. & le 18. avant midi, nous nous rendimes à la Ville de *Tettma*, que nous quittames le 19. vers le soir. Le 21 au matin nous nous trouvames à *Schusca - Jam*, d'où nous partimes le lendemain. Le 25. nous nous rendimes à la Ville de *Jereschlave* & le 27. à celle de Pereschlave. Le 29. au matin nous poursuivimes nôtre route.

Le

Le 31. nous arrivames la nuit au Village d'*Alexefche*, fur la Riviere de Janfe, à cinq *Werftes*, ou une lieuë d'Allemagne de Mofcou. Monfieur l'Envoyé reçût ordre de s'y arrêter pour y attendre le Czar Pierre Alexeowits, qui s'y rendit le lendemain. Aprés que Monfieur l'Envoyé lui eût rendu compte pendant quelques heures de fon Voïage. Sa Majefté l'emmena à *Jfchmerlof*, & de-là à *Brebofensko*. Pour nous, nous arrivames, graces à Dieu en bonne difpofition à Mofcou, aprés avoir employé dans ce Voyage de la Chine trois ans moins fix femaines.

Fin du Voyage.

TA.

Tabula hæc Confensu Amplissimi Consulis d. Nicolai Witsen ex ejus authenticis tabulis extracta est.

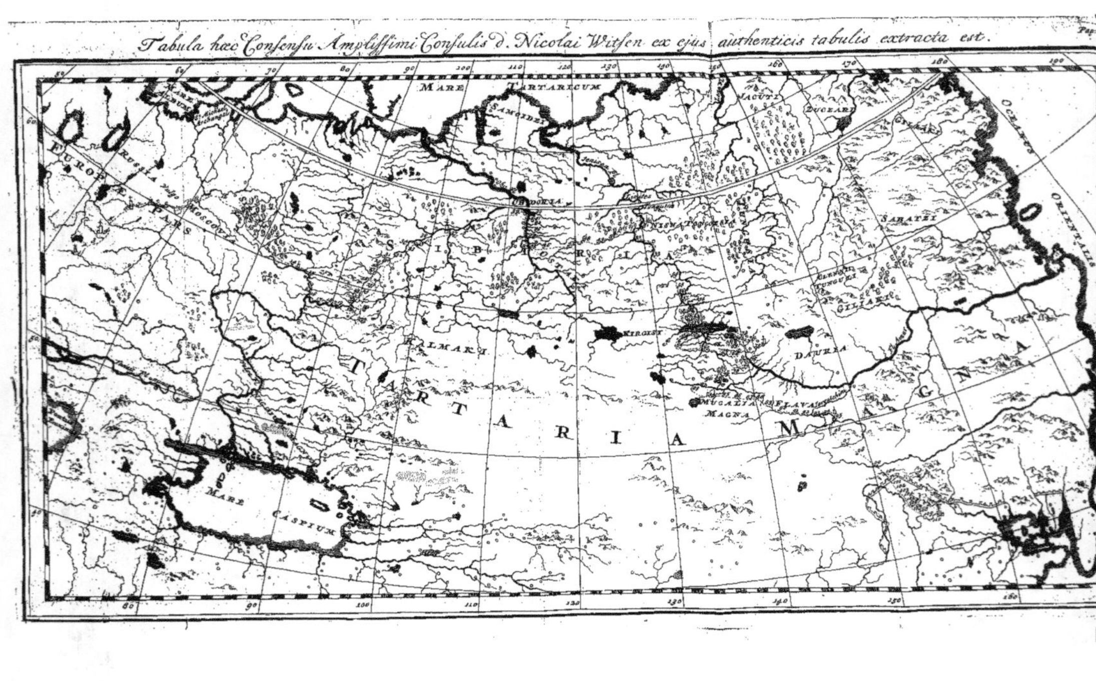

TABLE

A laquelle se rapportent les Chiffres de la Carte.

Les lieuës d'Allemagne, font de 5. Werfts.

1. MOSCOU, *Capitale de l'Empire.*

2. TROITS, *Bourg, à* 12. *lieuës de* Moscou.

3. PERESCHLAU, *Ville à* 12. *lieuës de* Troits.

4. ROSTOF, *Ville, à* 12. *lieuës de* Pereschlau.

5. JERESCLAU, *Ville, à* 24. *lieuës de* Rostof.

6. WOLOGDA, *Ville, à* 36. *lieuës de* Jereschlau.

   L'Ambaffade y arriva le 22. Mars 1692.

7. *Au Bourg* SCUSKAIAM, *le* 23.

8. *A* TOTTMA, *Petite Ville, fur la*

Ri-

Riviére de Wergno-Suchuno, le 24.

9   *Au Village de* USGORODISCHNA, *le* 25.

10   *Au Village de* BOBROFSKAIAM, *le* 26.

11   USTUGA, *Ville sur la Riviére de Su-*chana, *le* 27.

Elle s'y arrête un jour & une nuit.

12   LOLOWITZGOTZ, *Petite Ville, sur la Riviére de* Wietzegda, *qui entre dans la* Dwina, *le* 29.

13   *Grande Forêt, de la longueur de* 160. *lieües, qui commence à* 10. *lieües de* Lolowitzgotz. *On y trouve plusieurs Bourgs & Villages. La Nation se nomme* Syrenes. *Il y passe plusieurs Riviéres :* La Siesella, *la* Chasim, *la* Natcim *& la* Peris.

14   KAIGOROD, *Ville sur la Riviére de* Kama, *le* 6. *Avril.*

L'Ambassade s'y arrête jusqu'au 23.

15   SOLOKAMSKO, *Ville sur la Riviére d'*Usolsko, *le* 27.

Cette

Cette Riviére se décharge à demi lieuë plus bas dans la Kama. On s'y arrête jusqu'au 14. May.

16   *Arrivée sur la Riviére de Susowa, le 16. à 30. lieuës de Solokamsko.*

17   *La petite Ville de* NIESNA-SUSOWA, *le 19.*

18   *Cette Ville ne se nomme pas dans le Livre, le 20.*

19   *Plusieurs Villages, le 25.*

20   *Passage à la droite de la Riviére de Silva, de la Riviére de Kinie, puis à la gauche de la Serebrena, le 26.*

21   *Passage à la gauche de la Riviére de Utko-Mosovasa & de celle de Sullem, le 28.*

22   *Passage à la gauche de la Riviére d'Utkoseredna, puis à la droite de la Daria, le 29.*

23   *La Ville* D'UTKOGOROD. *Trois semaines de Navigation sur la Riviére de Susowa, bordée d'affreux & hauts Rochers, le 1. Juin.*

Il y a de Solokamsko à Utkogorod 70. lieuës.

L'Ambassade y séjourne 10. jours. Elle en part le 10 de Juin.

24   A J A T , *Bourg sur la Riviére d'A-jat, le 12.*

M 5

25 ROMOSCHOVA , *Bourg fur la Riviére* Refch , *le* 13.

Cette Contrée eſt fort belle : il y a beaucoup de Terres labourables & pluſieurs beaux Villages.

26 NEWAGOROD , *Bourg ſur la Riviére de* Newa. *C'eſt ici que commence la* Siberie, *le* 14.

Le Païs eſt fort peuplé, il eſt plein de belles Prairies , & de Terres labourables, ſejour juſqu'au 21.

27 ZUDNA , *Bourg ſur la Riviére de* Nietza. *Elle commence à une lieuë de* Newa, *le* 22.

28 NIGINSKE , *Bourg, le* 22.

29 *Les Bourgs* IRBITZKE , KIRGINSKOY & SUBORAWA, *le* 23.

30 *Le Bourg* JALAN , *ſur la Riviére de* Tuwa, *à l'endroit où le* Newa *s'y décharge avec grand bruit, le* 24.

31 *Le Bourg* KRASNA , *le* 24.

32 *La Ville* TUMEEN , *le* 25.

33 *Le Bourg* MAKOMA , *ſur la Riviére de* Piſchina , *à l'endroit où elle ſe décharge à droite dans le* Tura.

34 *Le Bourg* SUTSKA, *à l'endroit où le* Tura & *le* Tobol *ſe joignent, le* Tobol *étant à la droite, le* 28.

35 *Paſſage des Riviéres de* Piefda & *de* Turba.

36 *Paſ-*

59 *Paſſage de trois jours & trois nuits au travers d'une épaiſſe Forêt. Ils arrivent ſur la Riviére d'Angera.* **Le** *Pays qu'elle arroſe eſt mediocrement peuplé.*

60 IRKUSKOY, *Ville ſur l'Angera, le 11. Février. Ils y ſejournent juſqu'au 10. Mars. Il y a ſix lieuës d'Ir-*kuskoy, *juſqu'au Lac de* Baikal.

61 *Ils arrivent ſur le Lac de* Baikal, *où l'*Angera *commence, le 11.*

C'eſt ici le Confin de la Siberie.

62 *Un Cloitre ſur la Frontiére de* Daurie, *le 11.*

63 *Le Bourg* KABANJA, *le 12.*

64 *Le Bourg* BOLSKO-SAIMCKO, *le 12.*

65 *La petite Ville d'*OSTROG-UDINS-KOY, *le 19. Ils y ſejournent juſqu'au 6. Avril.*

66 *Paſſage au travers d'un Pays plat & déſert.*

67 *Le Lac de* Jerawena, *long de 4. lieuës & large de trois, le 24. & 25.*

68 *La petite Ville de* JERAWENA, *le 26. Ils y ſejournent deux jours.*

69 *Entrée dans un grand Déſert plein de Forêts, le 28.*

70 *Ils rencontrent la Riviére d'*Uda, *le 29.*

71 **Le**

71   *Le Lac de* Schacks-Ofer, *long d'une petite lieuë, & large d'une demi lieuë, le* 3. May. *Ils sejournent jusqu'au* 5.

72   *Ils passent un autre Lac le* 6.

73   PLOTHUS, *Village sur la Riviére de* Scieta, *le* 6 *& sejournent jusqu'au* 15.

74   *Un quart de lieuë au dessous de* Plothus, *le* Sueta *& l'*Onna, *tombent dans l'*Ingeda; *& alors la Riviére se nomme* Schilka, *ensuite elle reçoit aussi les Riviéres* Nertza *&* Argun, *d'où naît la fameuse & grande Riviére d'*Amur.

75   *La Ville de* NERTZNIGSKOY, *sur la Riviére de* Nertza, *le* 20. *C'est la derniére Forteresse Capitale de ce côté sous la Domination de sa Majesté Czarienne. Ils y sejournent jusqu'au* 18. *de Juillet.*

76   *L'entrée dans un Desert de* Tartarie. *Ils passent la Riviére* Schilka, *la nuit du* 19. *Ils s'arrêtent trois jours.*

77   *Ils voyagent trois jours par une Forêt pleine de Marêts & de Terres inégales.*

78   *Voyage de trois jours, par un Desert uni.*

79   *Voyage de deux jours, par des Bois.*

80   *Passage de la Riviére de* Samur, *qui se rend dans le* Schilka.

81   *Voyage de quelques jours par des Chemins fort coupez & pleins de Marêts.*

82   *La Riviére d'*Argun.

83   ARGUN, *Petite Ville sur la Riviére d'*Argun. *Derniére Place dans la* Daurie, *sous la Domination de sa Majesté Czarienne, le* 7. *Aoust.*

84   *La Riviére de* Derby, *qui se rend dans l'*Arguna, *à* 4. *journées d'*Argun.

85   La

85 _La Rivière de Gann, le 15. Aoust, qui se rend_
    dans l'Arguna. Ils y séjournent 2. jours.

86 _La petite & navigable Rivière de Kailar, le_
    23. Elle se décharge dans l'Arguna. On la
    passe le 24.

87 _La petite & navigable Rivière de Saduma,_
    le 26. Elle entre dans l'Arguna.

88 _La Rivière Unar, qui se rend dans la Saduma,_
    le 27. Séjour de deux jours.

89 _A la Source de la Rivière Jal. Beau Pays._
    Voyage de deux jours, depuis le 28. jusqu'au 30.

90 _Première Garde Chinoise, le 2. de Septembre._

91 _La seconde Garde, le 3._

92 _La troisième Garde, le 4._

93 TARGUTSCHINI. _Peuple Payen sous_
    la Chine. Séjour jusqu'au 10. C'est un bon
    Pays labourable & bien peuplé.

94 _Le Village de_ SUTTIGARSKI, _le 12._
    Séjour jusqu'au 29.

95 _La Ville_ NAUN, _à une lieuë de Suttigarski._

96 _Desert. Ils y ont disette d'eau._

97 _La Rivière de Casumur, qui se décharge_
    dans le Naun, le 5. Octobre. Séjour d'un
    jour & d'une nuit.

98 _Passage au travers de plusieurs Villes ruinées_
    & desertes, le 19.

99 _Chemin taillé dans le Roc, à trois journées_
    de la fameuse Muraille de la Chine.

100 _La Ville de_ SCORNAGOROD, _ou_ Ka-
    rakaton, _ainsi nommée par les Moscovites, à_
    une journée de la Muraille.

    Notez, que depuis Naun, jusqu'à Karakaton,
    le Pays est habité par des Tartares & des
    Mugaux.

101 _La Muraille de la Chine, le 27._

102 GAL-

102   *La Ville de* GALGAN, *à un quart de lieuë au de-là de la* Muraille.

103   *Ils paſſent à côté d'une Ville.*

104   *La Ville de* XANTUNING, *le 28. Octobre, au ſoir.*

105   *La Ville de* XUNGUXU, *le 29.*

106   *La Ville* ROUGE, *le 30.*

107   *La Ville de* XANGOTE, *le 31.*

108   *Ville qu'on ne nomme pas. Le 1. Novembre.   Ils couchérent là dans un Village voiſin.*

109   *La Ville de* TUNXO, *le 2. Ils couchérent là dans un Village voiſin, qui touche au Faubourg de* Pekin.

PEKIN, *Ville de la réſidence de l'Empereur de la Chine, le 3. Novembre.*

Fin de la Table des Chiffres de la Carte.

LET-

LETTRE

DE

MONSIEUR ***.

SUR L'ETAT PRESENT

DE LA MOSCOVIE.

Ous défirez, Monsieur, que je vous écrive ce que j'ai pû recueillir fur l'Etat préfent de la Mofcovie, pendant le fejour de l'Augufte Ambaffade de fa Majefté Czarienne en cette Ville. Je fuis bien aife de pouvoir en quelque maniére vous fatisfaire, ayant eu l'occafion de m'inftruire de plufieurs chofes particuliéres qui le concernent. J'admire la prévention où font la plû-part des gens contre les Mofcovites. On s'imagine que ces Peuples ne méritent

N

pas

pas qu'on s'informe de leur Monarchie. Cependant à examiner les choses de prés, & comme elles sont aujourd'hui, rien n'est, peut-être, plus digne de nôtre curiosité. J'avouë qu'avant le *Czar Alexis Michalowitz*, qui l'an 1645. parvint à la Couronne, les Moscovites paroissoient fort grossiers, en éfet ils avoient peu de commerce avec les autres Nations, ils négligeoient les Sciences, & n'étoient presque point instruits dans l'Art Militaire, de la maniére qu'on le pratique en Europe; aussi leur en couta-t-il cher en diverses rencontres; & bien que fiers & robustes, ils se virent néanmoins, faute de connoissance, obligez de plier souvent sous des forces inférieures.

Le *Czar Alexis Michalowitz*, Prince d'une sagesse & d'une capacité fort étenduë, ayant remarqué les causes de ce désavantage, songea à y remédier. L'expédient qu'il jugea le plus propre à ce dessein, fut d'attirer dans son Païs nombre d'Officiers Etrangers, & pour cela, il mit en usage toute l'adresse d'un grand Politique. Pour ne les pas rebuter, il ne les engageoit que pour peu de temps, leur promettant à tous, de quelque Religion qu'ils fussent, une entiére liberté de conscience, & une pension libérale, qui devoit leur être exactement payée. Ce Projet fut exécuté avec tant de succez,

que

que suivant la Rélation du Baron de *Ma-*
yerbergh , qui en 1662. étoit à Moscou Ambassadeur de l'Empereur Leopold , il se trou-
„va d'Oficiers Étrangers au service de sa
„ Majesté Czarienne, deux Généraux , deux
„ Maréchaux de Camp , plus de cent Colo-
„nels , un grand nombre de Majors , & une
„ infinité de Capitaines & d'Enseignes , qui
„tous recevoient leur Paye avec la derniére
„ponctualité. Ceci mérite d'autant plus de
foi , que la Rélation de cet Ambassadeur,
paroît en beaucoup d'endroits fort passion-
née contre les Moscovites.

Comme ces Oficiers firent des levées dans
le Païs , on forma plusieurs Régiments , qui
firent paroître en plusieurs rencontres , contre les Polonois & les Suédois , combien les
Moscovites sont braves , lors qu'ils marchent
sous la conduite de bons Oficiers. Outre
ces nouvelles Troupes , le Czar en avoit de
vieilles , qui peuvent être comparées aux anciennes Légions des Romains. On les nommoit *Strelitzes* , & elles étoient au nombre
de quarante mille hommes d'Infanterie , tous
commandez par la premiére Noblesse du
Païs. Les raisons que je viens d'alléguer , ne
furent pas les seules qui obligérent *Alexis*
Michalowitz , à faire une levée si nombreuse
d'Oficiers Etrangers. La suite a fait voir
qu'on y peut encore joindre celle de la sure-

té du Prince, qui par ce moyen soûtient beaucoup mieux son authorité, qu'en laiffant toutes fes forces entre les mains d'une Nobleffe riche & puiffante, & par conféquent en état d'en pouvoir abufer.

Ce grand Prince mourut l'an 1676. fort regretté de fon Peuple. Comme il n'avoit jamais abufé de fon pouvoir abfolu, & qu'au contraire il avoit toûjours régné avec beaucoup de douceur, de juftice & de piété, il étoit devenu l'amour & les délices de fes Sujets. On peut dire de lui, qu'il a donné une toute autre face à la Monarchie, qui fe perfectionne aujourd'hui fous le Grand Czar *Pierre Alexeowitz*. *Theodore* fon fils aîné, qu'il laiffa pour Succeffeur, ne régna que fix ans. Il fut extrémement regretté. C'étoit un Prince fort accompli, & qui promettoit beaucoup. Il fuivoit entiérement les maximes de fon Pere pour l'entretien des Oficiers Etrangers, & pour l'avancement du Commerce. Il aimoit beaucoup les Sciences, & principalement l'Architecture, il avoit conçu le deffein de faire toutes les Maifons de Mofcou de brique & de paver les ruës, Ce fut du vivant de ce Monarque que Mr. le Général le *Fort* entra dans le fervice. Il mourut d'une fiévre continuë & violente, qui l'emporta en peu de jours & recommanda peu avant que de mourir pour fon fucceffeur fon frére *Pierre*, du

fecond

fecond lit., jugeant fon frére *Jean* du même
lit, d'une conftitution trop foible pour porter le fardeau d'un fi grand Empire. *Pierre*
Alexeowitz, fut donc proclamé Empereur à
l'âge d'onze ans ; mais la Princeffe Sophie
indignée de voir fon frére du même lit éloi-
gné de la Couronne , étant d'un naturel
trés-ambitieux & fort intriguante , inventa
toute forte de moyens pour faire monter
fon frére *Jean* fur le Thrône, ou plû-tôt pour
y monter elle-même. Dans ce deffein , elle
fit répandre un bruit , que le défunt Czar
Theodore avoit été empoifonné par fes Medecins ; & fit nommer plufieurs des premiers
Officiers de la Couronne comme auteurs
d'un crime fi énorme. Elle attira les *Stre-*
litzes dans fon Parti , qu'elle gagna plus facilement en leur faifant accroire , qu'on a-
voit deffein d'empoifonner le vin , qu'on
leur donneroit à boire à l'Enterrement du
Czar. L'Emute ne tarda pas, on commença par l'affaffinat de deux Medecins, dont le
premier étoit de race Juive , puis on paffa
aux principaux Oficiers de l'Empire, ceux
que cette Princeffe croyoit en obftacle à fa
paffion. Enfin les *Strelitzes* firent tout ce
que la rage la plus cruelle auroit pû inven-
ter, rien ne put arréter cette fureur : ils in-
fultérent même fa Majefté , maffacrant
plufieurs perfonnes du premier rang en fa

N 3   pré-

préfence, & proclamérent le Prince *Jean*, qui lui fut adjoint fur le Trône. Aprés ceci, tout fembla fe calmer, mais ce ne fut que pour peu de jours. La Princeffe Sophie ne borna point fon ambition à voir fon frére *Jean* Empereur, elle fit fous-main de puiffantes brigues, & fit efpérer au Général des *Strelitzes*, *Fedor Chikolowitin*, qu'il pourroit parvenir à la Couronne en l'époufant. Elle difoit, que la Monarchie étoit trop augufte pour être gouvernée par des enfans, & peu s'en falut, qu'elle ne vint à bout de fon deffein, mais la Confpiration qu'elle tramoit contre la vie de ces deux fréres, fut découverte à temps. Leurs Majeftez fe retirérent à douze lieuës de Mofcou, dans le Cloître de *Troïtz*, qui eft fortifié. Monfieur le *Fort*, alors Colonel, donna à leurs Majeftez des grandes preuves de fa fidélité, & de fon attachement à leur fervice. On eut l'adreffe d'attirer le Général des *Strelitzes* vers *Troïtz*; & de le furprendre dans une embufcade. On le traîna dans la Fortereffe, où il eut la tête tranchée. Il étoit de baffe naiffance, & étoit parvenu par f valeur à une fi haute dignité; puis on rele gua dans un Cloître la Princeffe Sophie, où elle eft encore gardée. Aprés qu'on fe fu fi heureufement défait de ces deux Chefs d la Conjuration, & que le Gouvernement fi

afferm

affermi, on envoya les Régimens les plus criminels en divers détachements avec des autres Troupes, qui avoient ordre de les défaire, & de cette maniére on fit périr fourdement une bonne partie de cette infolente Milice.

On dit que dans le Maffacre qui fe fit de ceux qui fe refugiérent dans la Chambre, où étoit fa Majefté, elle ne marqua aucune épouvante, ce qui fut caufe en partie, qu'elle fe maintint fur le Trône. Ce n'a pas été feulement depuis fon avenement à la Couronne qu'elle a donné des marques d'un courage héroïque, & fait concevoir des efpérances qu'elle feroit un jour le plus grand Prince, qui ait jamais gouverné l'Empire des Mofcovites. Dés fon enfance, ce Prince a marqué une grandeur d'ame, & une élevation d'efprit toute extraordinaire. On l'a toûjours vû dés-lors dans l'action, vif & pénétrant, & porté d'une loüable curiofité de s'inftruire; particuliérement des coûtumes & des mœurs des Nations Etrangéres, ayant un grand foin de s'en informer, de tous ceux qui pouvoient lui en donner quelque éclairciffement. Il n'avoit que quinze ans, lors qu'il fit paroître une forte inclination pour les Mathématiques. Il voulut aprendre la Marine & les Méchaniques, projettant dés-lors les grands deffeins, qu'il a de-

puis

puis exécutés avec beaucoup de conduite &
une prudence admirable.

Quand il vit les Turcs engagez dans la
guerre contre l'Empereur, la Pologne, & la
République de Venife, bien que les Chinois
lui fiffent une guerre affez injufte, & qu'on
croit avoir été excitée par quelques Miffion-
naires qui étoient à la Chine, il ne diféra
point de s'accommoder avec eux, jugeant à
propos de leur céder quelque chofe, pour
pouvoir conjointement avec les autres Princes Chrétiens, tourner fes armes contre l'Empire Ottoman. Cette guerre ne pouvoit a-
voir que d'heureufes fuites pour la Mofcovie. Les Turcs extrémement affoiblis par
plufieurs mauvais fuccés & batailles perduës
en Hongrie, ne fe trouvoient plus en état
de faire une vigoureufe réfiftance. La Conquête d'Afoph étoit d'une trop grande importance à la Mofcovie, pour n'en pas concevoir le deffein, & les fortifications de cette Place, étoient affez foibles pour fe flater
de l'efpérance de la pouvoir emporter. A
tous ces motifs, le Czar en joignoit un autre, qui n'étoit pas moins preffant. Il fe
reffentoit toûjours de l'infolence de fes Gardes, & méditoit les moyens de s'en defai-
re, pour fe referver uniquement des Troupes affidées, fous des Officiers plus intelli-
gents dans l'Art de la guerre, entiérement
de-

devoüez à son service, & dont la fortune dépendît absolument de lui. Les levées furent donc resoluës, on augmenta considérablement le nombre des Officiers Etrangers, qu'on fit monter à plus de huit mille : on forma sous leur conduite une Armée considérable, & dés qu'elle fut prête d'agir, on mit l'an 1695. le siege devant Asoph, & en même tems devant *Kasikermeen*, afin que par cette occupation qu'on donnoit aux Ennemis, ils fussent moins en état de secourir Asoph, qu'on avoit principalement en vuë.

Nos Géographes posent communément Asoph au Nord du *Tanaïs* du côté de la *Crimée*, au lieu qu'il est au Sud vers la *Circassie*, sur un terrein élevé, fort proche du *Palus Meotide*. Cette Ville n'est point sur une Isle, comme le marquent quelques Cartes, il n'y en a même aucune aux environs, soit à l'embouchure, soit au *Palus Meotide*, comme le marquent encore ces mêmes Cartes, à la reserve d'une trés petite Isle, qui se trouve au Nord-oüest de l'embouchure du *Tanaïs*, qu'on nomme aujourd'hui le *Don*, & proche de la Côte.

A une ou deux lieuës au dessus de la Forteresse, cette Riviére forme un bras, qui tirant au Nord, fait le cours d'un demi cercle, avant que d'entrer dans le *Palus Meotide*. Ce bras est étroit & à peu de fond. Plus bas &

N 5   un

un peu au deſſus de la Ville, il ſe forme un
autre bras, qui coulant auſſi au Nord, forme
environ un quart de cercle, & ſe diviſe, preſque à ſon entrée dans la Mer, en cinq autres
branches.　Il y a peu de profondeur, & le
terrein, où ces branches paſſent, eſt bas &
marécageux, en cet endroit-là le Païs eſt inondé, quand la Mer hauſſe, par le vent du Sud,
qui chaſſe l'eau de la *Mer Noire* ſur cette
Côte.

Vous ſerez ſurpris, Mr. d'apprendre qu'*Aſoph*
eſt au 47. degré de latitude au Nord, ſuivant les
plus autentiques Cartes des Moſcovites & des
Turcs, au lieu que nous le mettons au 51.
& au delà; mais ce qu'il y a de ſingulier,
c'eſt que nos Cartes s'accordent avec les leurs,
pour la ſituation de l'endroit où le *Don* aproche le plus du *Wolga*, que nous mettons
également au 49. degré; mais pour le faire
rencontrer à ce point, nous le faiſons deſ-
cendre, au lieu qu'ils le font monter. Je
puis vous dire, que les Moſcovites, qu'on
veut faire paſſer pour ignorans & groſſiers,
ont des Cartes trés exactes de leur Païs. J'en
ai vu quelques-unes, & ils ſe recrient fort
ſur le peu d'exactitude des nôtres à leur
égard.

Aſoph n'étoit autrefois qu'une petite Ville, dont l'enceinte étoit une ſimple muraille
irréguliére, approchant d'un Exagone, fortifiée

de

de plusieurs Tours à l'antique , dont deux
côtez opposez, étoient à peu prés paralleles
avec la Riviére.   Au milieu du côté qui regarde l'Occident, il y avoit une grosse Tour
de la forme d'un Cône tronqué , qui étoit
fort élevée.   Il y avoit de plus des retran-
chements en dedans en forme de Citadelle
pour la Garnison.   Cette enceinte formoit
plusieurs angles, principalement la muraille
qui étoit à l'Orient , celle du côté de l'Occident avoit un Bastion , & ces deux côtez
finissoient à la muraille de la Ville, du côté
de la Riviére.   Les Turcs ont ajoûté à ces
défences une nouvelle enceinte au dehors.
Elle est de terre & a quatre Bastions assez
élevez, mais mal construits , & un fossé au
bas.   Les deux qui sont au Sud-est , sont
assez proche les unes des autres , & regardent la Montagne qui commande la Ville.
Le troisiéme qui regarde le Sud-oüest, est fort
distant du second , & le quatriéme Bastion
à l'Occident, est encore plus distant du troisiéme.   La Courtine entre ces deux derniers Bastions, a dans son milieu un angle obtus.   Il
y a aussi un angle semblable à la Courtine op-
posée à l'Orient qui touche la Riviére.   Le
long de la rive, il y avoit des palissades. Un
peu au dessus de la Ville , il y a deux Tours
quarrées de brique, une de chaque côté de

la

la Riviére, qui par le moïen d'une grosse chaine & de leur artillerie, fermoient le passage au barques des Cosaques, qui avoient coûtume de descendre la nuit, pour aller pirater dans la *Mer Noire*. Voilà en quel état étoit la Place, quand elle fût attaquée par les Moscovites.

Je ne sçaurois assez m'étonner que les Turcs n'aient pas mieux connu la conséquence de cette Forteresse, & qu'ils ayent donné lieu aux Moscovites de l'oser attaquer. Pour moi il me semble que bien loin de négliger un poste si important, & de ne le pas fortifier avec toutes les précautions imaginables, rien n'étoit plus de leur intérêt, que de pousser leurs conquêtes de ce côté-là, en se rendant Maîtres du poste avantageux qui est entre le *Don* & le *Wolga*, où il n'y a que sept lieuës de distance, outre que dans cet entre-deux, il se trouve encore deux Riviéres, l'une assez considérable qui vient du Nord-Est, & qui se rend dans le *Don*, & l'autre plus petite qui vient du *Sud-oüest*, & qui se décharge dans le *Wolga*. Ces deux Riviéres s'approchent à une lieuë & demie de distance. Nos Cartes ne marquent rien de tout ceci, & supposent à faux un Canal qu'on appelle *Camous*, & qui n'a jamais existé. Le terrain est la plûpart trés-mobile dans

l'enl'entre-deux de ces Riviéres, & il n'y a que peu de rochers qui puiſſe faire peine à quelque ouvrage qu'on voulut y conſtruire.

Si les Turcs euſſent été des gens entendus, n'auroient-ils pas profité de la foibleſſe où la Moſcovie s'eſt vuë tant de fois, pendant que leur état étoit en ſa pleine vigueur? S'ils euſſent formé un Canal entre ces deux Rivières, & conſtruit une Fortereſſe ſur le bord du *Wolga*, *Aſtracan* ne tomboit-il pas entre leurs mains? & ne ſe rendoient-ils pas facilement Maitres de la *Mer Caſpienne*, qui touche au cœur de la *Perſe*, qui aproche fort du riche Empire du *Mogol*, & qui pour le reſte, eſt occupée par pluſieurs petits Princes *Tartares*, qu'ils auroient facilement ſubjuguez, ou du moins attirez dans leur parti, pour aider à faire la Conquête de toute l'*Aſie*? Que ſeroit alors devenue la Moſcovie, harraſſée continuellement par un nombre infini de *Tartares*, qui l'auroient inondée de tous côtez? ceux de la *Crimée*, de la *Circaſſie*, de la *Bulgarie*, les *Calmukes*, & les *Mugaux*, toute cette pepiniére de Vagabons, n'auroient-ils pas été trés-propres pour rendre à peu de frais les Turcs auſſi Conquérans, que furent jamais par leur moyen les grands Héros *Ginghiz-Khan*, & *Timour-Lenk*? Il y a deux choſes qui ont viſiblement empêché les Turcs d'avoir cette vuë; la premiére, d'avoir regardé les Moſco-

vites

vites avec trop de mépris, comme s'ils n'euffent jamais eu à craindte de leur côté, eux
qui n'avoient pas eu le courage d'accepter *A-
foph* des *Cofaques*, qui l'avoient furpris. La feconde eft, de n'avoir pas conçû l'importance
ni l'ufage des forces Maritimes, avec lefquelles néanmoins ils pouvoient par cette Conquête, porter leurs armes comme un éclair,
par le *Wolga* & la *Mer Cafpienne*, dans le cœur
de l'*Afie*.

Mais venons au fiége d'*Afoph*. Les Turcs
avoient trés-bien pourvû la Place de vivres
& de munitions, on y avoit mis dix mille
hommes de Garnifon, tant Turcs que Tartares. Le Czar fit lui-même le fiége, ayant
fous lui la plû-part de fes Généraux, l'éli-
te de fes Troupes & tous fes *Strelitzes*.
L'Armée montoit à plus de cent mille hommes d'Infanterie & vingt mille Chevaux.
Pendant qu'on formoit le fiége, les lignes de
circonvallations & les approches, on dreffa
un petit Fort de quatre Baftions au deffus
des deux Tours, au Sud de la Riviére, entre
deux bras qui en naiffent & fe réüniffent à
moitié chemin, entre les deux Tours & la
Ville. Ces deux bras coupoient la communication avec la Ville, en forte qu'on ne fut pas
long temps à emporter ces deux Tours. Sa
Majefté fit d'abord fortifier celle qui eft au
Sud

Sud de la Riviére, on l'enveloppa de trois Baftions avec un angle à chaque courtin qui touche la Riviére; on nomma ce Fort *Calanffa.* Cependant on gagna la Montagne, par les approches, d'où l'on incommoda beaucoup les Ennemis, qu'on efpéroit réduire par le grand feu qu'on fit fur eux, & par les bombes qu'on jetta dans la Place; mais c'étoient des Troupes aguerries, à qui cela ne faifoit pas beaucoup de peur. On pouffa les approches jufqu'au corps de la Place, mais avant que d'y parvenir, il en couta terriblement de monde. Les Ennemis firent de fréquentes forties, foûtinrent plufieurs affauts, & bien qu'on leur enlevât un Baftion, & qu'on s'y logeât, ils en rechafferent néanmoins les Mofcovites à plufieurs reprifes, ce qui harraffa extrêmement les Troupes. Les *Strelitzes* pâtirent le plus, auffi furent-ils les plus expofez. C'eft icy où le Czar trouva l'occafion d'éprouver leur valeur, & de s'en défaire honnêtement, quoy qu'à la vérité ce Prince ne s'épargnât pas luy-même, s'étant trouvé fouvent aux attaques, & dans la mélée, où plufieurs perfonnes furent tuées à fes côtez. Cependant la faifon avançoit, les munitions fe confumoient, & les vivres commençoient à manquer, de forte qu'on fut obligé de changer le fiége en blocus.

La

La Campagne fut plus heureufe du côté de *Kafikermeen*. Cette Ville eft fituée dans le Païs des Tartares d'*Oczakou*, au Sud du *Borifthêne*, à deux lieuës de la *Mer Noire*. Son enceinte eft compofée de quatre quarrez, maçonnez de groffes briques, & prefque égaux, qui fe touchent tous d'un côté. Il y en a trois fur une même ligne droite; mais le quatriéme fait un angle droit avec le fecond. Le premier de ces quarrez touche au *Borifthêne*, il eft flanqué de Tours ainfi que les deux autres, qui font fur une même ligne; le quatriéme eft mieux fortifié, il a au côté extérieur, au lieu de Tours, deux gros Baftions fort élevez & un foffé. Ce côté regarde le haut de la Riviére. Vis-à-vis de cette Place, on voit dans la Riviére une Ifle longue, en forme de langue de beuf, qui fe nomme *Towan*. Les Tartares y avoient deux petits Forts à quatre Baftions, un à chaque bout de l'Ifle, celui du haut fe nommoit *Mombarethkermeen*, & celui du bas *Muftrukermeen*. Au de-là de la Riviére dans la *Crimée*, il y avoit encore vis-à-vis de *Mombarethkermeen*, proche de la Riviére, un femblable Fort, nommé *Oftankermeen*, L'Armée qui étoit principalement compofée des *Cofaques*, Habitans de cette Frontiére & depuis quelques années Sujets & dévoüez au fervice de fa Majefté Czarienne,

rienne, attaqua premiérement les Forts, qui ne purent pas refister longtems, & aprés les avoir enlevez aux Ennemis, on mit le fiege devant *Kafikermeen.* On attaqua la place principalement du côté des Baftions, parce que le terrein y étoit plus fpacieux, & plus propre pour les approches. Les attaques furent faites avec tant de vigueur, & le fuccés en fut fi heureux, qu'on fe rendit en peu de tems, maître de cette Forterefle. Les Ennemis fe retirerent derriére les murailles, & obtinrent par compofition, de fortir de la Place en gens de Guerre. Ce fut le Général *Scheremetoff* qui eut le premier commandement. Il fe commit un defordre dans la redition de la Place, contre la Capitulation. Sa Majefté fut fort touchée de cette contravention: elle en marqua fon reffentiment au Général, qui ne s'attendoit pas à ce reproche: Il en fut fi chagrin, qu'il demanda permiffion de fortir de l'Empire. Sa Majefté lui accorda fa demande, plû-tôt qu'il n'avoit crû, dont il eut quelque regret. Vous fçavez qu'il a paru depuis en plufieurs Cours d'Italie, qu'il a eu même la curiofité d'aller voir l'Ifle de Malte, & qu'on lui a rendu par tout où il a paffé, les honneurs dûs à fa naiffance & à fon mérite.

Pendant l'hyver, les premiers foins pour la Campagne fuivante, tournerent du côté d'*Asoph*, on fit une trés grande provision de Bombes, & autres munitions de guerre. On équipa plusieurs galéres & brigantins proche de Moscou, & à *Veronouetz*, Ville à cent lieuës de cette Capitalle, sur le Don, pour les opposer au sécours que les Turcs voudroient tenter du côté de la Mer. Sa Majesté voulut que les plus grosses Galéres fussent construites proche de Moscou sur l'*Occa*, pour avoir le plaisir de les voir fabriquer. Comme elles devoient être transportées par terre jusqu'à *Veronouetz*, la fabrique en fut singuliére, & de plusieurs piéces detachées, qu'on pouvoit rejoindre avec fort peu de peine. Enfin ce Prince donna si bon ordre à tout, que la Campagne suivante, rien ne manqua pour l'exécution. On s'étoit maintenu, tout le tems du blocus, sur la Montagne qui commande la Ville, & on fit si bien garder toutes les avenuës de la place, que rien n'y put entrer. Pour prevenir le sécours, on ouvrit la Campagne de bonne heure, & quand toutes les troupes furent renduës au Camp, les premiers efforts se firent par les bombes, qu'on jetta en si prodigieuse quantité, que la place en fut entiérement détruite. Bien que la Garnison n'eut presque plus de lieu pour se loger, que tout fut détruit jusques au voutes mêmes des caves, & qu'il ne restât que deux mille hommes, propres à

porter

pörter les armes, ils foûtinrent néanmoins tous ces efforts, jufqu'à ce que le fecours parut. Il confiftoit en douze Galéres, & plufieurs Saïques, qui portoient des troupes fraiches, des munitions de guerre & de bouche, & cinquante mille ducats en or, à ces braves qui defendoient fi bien leur pofte. Sa Majefté avoit fait paffer par le petit bras du Don, qui coule un peu au deffus de la Ville, fept grandes Galéres, de cent pieds de longueur, plufieurs autres de moindre grandeur, & un grand nombre de Brigantins. Comme il y avoit peu d'eau, on eut beaucoup de peine à faire paffer les groffes Galéres, & peut-être n'auroit-on pas réüffi, fi le Czar n'eut par fa préfence, tellement animé les ouvriers, que s'étant furmontez, ils pafferent à force de bras ces lourdes maffes, au grand étonne-ment de ceux de la Ville.

Quand tous ces bâtimens furent paffez, fa Majefté s'avifa trés utilement, de faire plan-ter du canon fur la petite Ifle, dont nous avons parlé: fon terrein eft bas, de forte que le canon qu'on y poftoit, pouvoit tirer à fleur d'eau. Elle étoit couverte d'un bois qui em-pêchoit ceux de la Ville, de réconnoître le tra-vail qu'on y faifoit. La difpofition favora-ble de cette Ifle, donna auffi occafion de ca-cher aux ennemis, plufieurs Galéres legéres & un grand nombre de Brigantins, qu'on retint derriére l'Ifle, pour mieux furprendre les ennemis au paffage ; toutes ces précautions étoient prifes, avant que le fecours parut. La flotte qu'on voulut d'abord oppofer aux ennemis, compofée des plus groffes Galéres & de quelques Brigantins, fit femblant de vouloir aller au devant d'eux ; mais quand elle fut affez proche, pour être aperçus de celle des Ottomans, qui étoit fupérieure en Vaiffeaux, on fit mine de craindre, en reculant vers la côte, & au deffous de l'Ifle. Les ennemis vôiant cette difpofition, & le petit nombre de Galéres qu'on leur oppofoit, ne fe doutant d'aucune furprife, & ne fachant rien du refte de l'armement, fe crurent déja vainqueurs, & dans cette confiance, vinrent à pleines voiles, & de toutes leur forces, fur la flotte Mofcovite.

Mais avant que de la joindre, quand leurs Galéres furent à portée du Canon de l'Ifle, les boulets firent un fi terrible fracas fur leur bords, qu'on leur tua dans un inftant beaucoup de Monde. Dans cette confufion, fa Majefté qui avoit l'œil fur tout ce qui fe paffoit, & qui tantôt étoit fur l'Ifle, tantôt dans la flotte de referve, s'embarqua d'abord fur une Galére legére, montée de quarante hommes, & fit figne qu'à toute rame on la fuivit. De cette maniére les ennemis fe virent dans un moment affaillis de tous côtez. Ce Prince aborda

lui

lui même, la Capitane, & fut si bien secondé de toutes parts, qu'on ne pouvoit dire par où la victoire avoit commencé. Elle fut presque par tout égale, aucune Galére ennemie n'échapa du combat, & toutes furent prises, ou coulées à fond. On peut dire que sa Majesté fit paroître ce jour-là dans sa conduite, tout ce qu'on pouroit attendre de la prudence, & de la valeur d'un grand Capitaine.

Une victoire si entiére, decida de la destinée d'*Asoph*, & la Garnison qui fut témoin occulaire de cette grande action, perdit toute esperance, & demanda à capituler. On lui accorda des conditions honorables, & l'on y comprit un article, par lequel elle devoit livrer un certain Oficier, qui s'étoit jetté dans la Place, à dessein de trahir son Prince. Sa Majesté orna cette Victoire d'une action qui marque fort la grandeur de son Ame, elle fit distribuer aux Oficiers & Matelots de sa flotte, les cinquante mille ducats, qui furent trouvez sur la Capitane.

Asoph ne fut pas si tôt rendu, qu'on vit par les nouveaux projets du Prince, de quelle importance il jugeoit cette Conquête. On ne s'arrêta pas seulement à rétablir la Forteresse dans un état de défense, on fit d'abord raser au dedans, toute l'ancienne enceinte des murailles, déja ruinées par le

O 3

bom

bombardement.   On dreſſa un plan pour u-
ne nouvelle Ville, qui s'étendra juſqu'au
remparts des baſtions de terre.

On augmenta conſidérablement les Fortifications, on forma deux nouveaux Baſtions,
aux endroits où j'ay dit qu'il y eut des
angles obtus. On aggrandit & reforma les
vieux Baſtions, qu'on fit à la moderne. On
mit une demi-Lune entre chaque Baſtion.
On joignit au Foſſé une Contreſcarpe, &
enfin on mit au de-là un Chemin couvert,
d'où l'on fit monter une Ligne juſqu'au haut
de la Montagne, qui commande la Place,
où l'on conſtruiſit un Fort, pour défendre cette Ligne.

Toutes ces précautions ne parurent pas
ſuffiſantes à ſa Majeſté, qui voulut mettre ce
Poſte en état de ne pouvoir jamais plus être
enlevé à l'Empire. On forma donc le plan
d'une nouvelle Fortereſſe, qui devoit être
conſtruite vis-à-vis d'*Aſoph* dans le Marais,
& communiquer avec cette Place par un
Pont de trente arcades. On ne fut pas
long-tems à mettre en execution ce deſſein,
dont j'ay vû le plan. On a donné à la
Ville qui ſera au centre, le nom de *Saint
Pierre*, le Corps de la Place eſt de ſix Baſtions. Les deux premiers ſont face à la Riviére. Il y a une demi-Lune entre deux.
Les Baſtions qui ſuivent de part & d'autre,

ſont

sont fort voisins, & les deux derniers, qui
regardent le Nord, sont plus éloignez, & se-
condez de trois demi-Lunes. Il y a double
Fossé, & un Chemin couvert. On a élevé
le terrein de la Place, à pouvoir commander
Asoph : & quand le vent est Sud, le Marais dans lequel la Place est située, est entiérement inondé, en sorte qu'il n'y a aucune avenuë à cette Forteresse, que du côté
du Pont.

Ces Fortifications auroient été suffisantes,
si on n'eut eu d'autre vûë que de défendre la
Frontiére, de brider les *Tartares* de la *Crimée*, & d'ôter aux *Cosaques*, qui habitent le
long du *Tanaïs*, toute occasion de revolte;
mais ce grand Monarque méditoit un dessein
bien plus important pour son Empire. Il
prétendoit se servir de cette Place, comme
d'une porte pour faire descendre le long de
ses Riviéres, les Marchandises de son Païs,
dans le *Palus Meotide*, & les transporter ensuite par le Détroit de *Caffa* & de *Constantinople*, jusqu'en *Italie &c.* Il prévoyoit que
cela établiroit la Navigation dans son Empire, & y apporteroit de grandes richesses :
que ses Sujets se formeroient à la Marine, &
pouroient s'y rendre redoutables avec le
temps ; mais pour parvenir à un si noble
dessein, il faloit premiérement se mettre en
état de pouvoir se maintenir sur la *Mer Noi-*

O 4

re

re , & de s'y faire tellement craindre des Turcs , qu'on pût obtenir par la paix, non feulement d'y naviger par tout & aborder la Côte; mais auffi de pouvoir mouiller à Conftantinople , ou y paffer librement. C'eft donc dans cette vûe, que lors que Sa Majefté donna les Ordres pour les Fortifications d'*Afoph* & de *Saint Pierre*, entreprit encore trois chofes, dont chacune eft capable d'éternifer fa memoire; ce fut la conftruction d'un Port, capable de contenir une groffe Flotte ; la Jonction du *Don* au *Wolga*, par un Canal capable de donner paffage à de gros Vaiffeaux : & enfuite l'équipement de quatre-vingt Vaiffeaux de Guerre, tant Fregattes que Galéres, & cent cinquante Brigantins, pour avoir une Flotte capable de faire tête à celle que les Turcs pouroient lui opofer.

Le Port ne pouvoit pas fe conftruire à *Afoph*; car bien que le *Don* depuis *Veronouëtz* jufqu'à *Afoph*, foit la Riviére du monde la plus navigable, étant fort profonde, ayant peu d'Ifles, & un beau courant fans écueils; néanmoins fon embouchure eft tellement enfablée, qu'il n'y a, quand la mer eft baffe, que fept pieds d'eau, de forte que les Géographes qui nous l'ont defcrit, comme un fameux Port, nous ont conté une fable. Sa Majefté donna donc ordre de fonder la côte, te, pour trouver un endroit propre, le plus près d'*Aſoph*, qu'il ſe pouroit. Quand quelque gros Bâtiment étoit deſtiné pour cette Ville, les Turcs avoient coûtume de relâcher à l'Embouchure de la Riviére de *Mious*, qui eſt dans la *Crimée*, à vingt cinq lieuës d'*Aſoph*, où il y a, lors que la mer eſt baſſe, 15 à 16 pieds d'eau. On trouva à un Cap de la même Côte, à ſept lieuës du *Don*, 12 pieds d'eau, en baſſe mer. La Côte y eſt haute & fort eſcarpée, le terrein d'un ſable dur, & comme une ſorte de pierre de taille. A l'Orient de ce Cap, la Côte forme comme une Baye, & à une lieuë de-là, au Weſt, il y a une petite Riviére, qui forme un demi-cercle autour du terrein de cette pointe. Le terrein décline inſenſiblement du côté de la terre & de la Baye. Le Czar ayant reconnu cette diſpoſition, jugea à propos de faire bâtir un Fort de cinq Baſtions, & tracer au deſſous une enceinte fortifiée pour contenir une Ville, laiſſant entre cette enceinte & la Baye, un plan pour creuſer le Port, qui par un Canal auroit ſon iſſuë au niveau de la pointe, & dans ſon milieu un plus petit Canal, pour le paſſage des petits Bâtimens du côté de la Baye. J'ay vû le plan de cette entrepriſe. Le Port ſera long de 3750 pieds, & large de plus de la moitié.

M 5

Pour

Pour ce qui regarde la jonction du *Don* au *Wolga*, je vous ai déja marqué la dispo- sition avantageuse du terrein, qui est entre ces deux Riviéres, & les deux autres Fleu- ves qui s'y rendent, en sorte que ce def- sein doit probablement réüssir. On arrêtera par des éclufes, l'eau de ces deux Riviéres qui fe joignent dans le nouveau Canal, pour la faire monter à telle hauteur qu'on voudra, pour le passage des Vaiffeaux. On mit d'a- bord plus de vingt mille hommes à creufer la terre.

Enfin fa Majefté, dont on ne fçauroit affez admirer la pénétration & la prévoïan- ce, trouva un moyen merveilleux pour l'é- quipement de fa Flotte. Elle avoit deffein de fe défaire de fes *Strelitzes*, & voulant néan- moins occuper fa premiére Nobleffe, elle trouva cet expédient admirable pour leur donner de l'emploi, & ne plus craindre qu'ils puffent caufer quelque foûlévement dans fon Empire : elle leur déclara que la dipofition préfente des affaires, demandoit qu'on rendit l'Etat redoutable par Mer, qu'elle connoif- foit leur valeur, & leur bonne volonté, & qu'elle fouhaitoit paffionnément de les voir capables de commander fur Mer : qu'elle leur donneroit pour cela des Oficiers fi in- télligents dans la Marine, & d'une expérien-

ce

ce si consommée dans les Combats de mer, qu'il leur seroit facile de s'y perfectionner: qu'elle leur serviroit d'exemple, en se mettant à leur tête: & enfin qu'elle faisoit consister sa plus grande gloire à rendre sa Monarchie puissante par mer. Il fut donc conclu, que chacun à proportion de son pouvoir, équiperoit & entretiendroit à ses frais, un Vaisseau de Guerre; & que les premiéres Villes de l'Empire, contribueroient à cette dépense. Par ce moyen, sa Majesté ne diminua rien de son revenu pour un si grand armément: elle obligea sa Noblesse & les principaux Magistrats de ses Peuples, à prendre connoissance de l'équipement des Vaisseaux & de la Marine: & fit connoître par ce réglement, qu'elle vouloit en perpétuer l'usage pour toûjours.

Quand tous ces grands projets furent réglez, sa Majesté partit vers l'Automne pour Moscou, laissant une grosse Armée proche d'*Asoph*, sous le commandement du Généralissime de ses Troupes, le Prince *Alexé Semonewitz Schein*, pour couvrir les Ouvriers, & appuïer l'exécution de tous ces grands travaux. Elle entra dans Moscou avec toutes les márques de triomphe, plusieurs Chariots marchant devant Elle, chargez des dépoüilles des Ennemis, & des Prisonniers. On exposa aussi sur un Chariot particulier,

les

les mains garottées fur le dos, l'Oficier crimi-
nel, dont nous avons parlé, qui fut enfuite
exécuté.   On ne fauroit exprimer avec combien d'acclamations fa Majefté fut reçûe,
On fit de grandes réjoüiffances ; mais la
principale fut diférée jufques vers l'Hyver,
pour donner le temps à plufieurs Machines
qu'on fit pour un feu d'artifice, qui occupa
un trés-grand terrein fur la glace. L'enceinte, qui avoit la forme d'un double quarré, étoit une haye de plufieurs fortes de
fufées.

Sa Majefté voulut elle-même, conftruire la
premiére piéce qui devoit être au milieu
de l'enceinte.   C'étoit un Aigle à double
tête, qui de fa grife gauche devoit lancer
fur une ligne orifontale, une fufée à plus de
fix cent pas, fur la corne d'un Croiffant.
L'exécution répondit heureufement au deffein.
Le feu, qui fut trés-beau, dura toute la
nuit.   Sa Majefté en avoit inventé le plan, &
j'ay eu l'honneur de le voir deffigné de fa
propre main.

Quoi que tout l'Empire ne pût fe laffer
de faire des rejoüiffances à l'honneur du Prince, & que tout l'hiver fe paffât en joies &
en feftins ; il fe forma néanmoins entre les
Mécontans de la Nobleffe, un Parti fomen-
té par les intrigues fecrettes de la Princeffe *Sophie*, laquelle, quoi que détenuë dans

un

un Couvent, a toûjours fçu conferver quelque fecrette intelligence avec fes Amis. Elle n'eut pas de peine à les animer : ils n'étoient déja que trop chagrins de voir périr les *Strelitzes*, qu'ils confidéroient comme le premier appui de leur authorité : ils conçûrent enfin une haine fi forte contre fa Majefté, qu'ils tramérent une Confpiration contre fa vie. Ils gagnérent quatre Capitaines du premier Régiment des *Strelitzes*, & délibérerent longtems fur la maniére de faire leur coup. Il étoit impoffible de fe déclarer ouvertement contre un Prince fi aimé de fon Peuple, & un grand nombre de Troupes afidées, qui font toûjours à Mofcou fous des Oficiers Etrangers, & qui facrifieroient leur vie pour conferver celle de fa Majefté. Ils firent reflection fur ce que ce Prince fortoit fouvent de fon château avec peu de fuite, & qu'il marchoit de même par la Ville ; mais ils n'oférent l'attaquer de cette maniére, craignants d'être arrêtez. Enfin aprés plufieurs délibérations, confiderants que fa Majefté, qui prend part à tout ce qui concerne fes Sujects, avoit coûtume quand le feu prenoit à quelque maifon, d'y accourir, pour mieux remédier par fa préfence à un accident fi dangereux à Mofcou, où prefque toutes les maifons font de bois ; ils conclurent donc, que ce feroit

le

le meilleur moïen pour exécuter leur dessein, de mettre le feu à quelque maison de la Ville pour y attirer ce bon Prince, & s'en défaire dans cette confusion. Si ce détestable dessein eut réüssi, ils auroient, suivant leur confession, fait soulever les Cosaques du *Don*, rappellé la Princesse *Sophie* & le Prince *Wassily Gallichin* à la Cour, & mis le Gouvernement entre leurs mains. Ils auroient rétabli les *Strelitzes* dans leur ancien état. Mais il plût à Dieu de toucher le cœur de deux des quatre Capitaines complices, nommez *Largon Gilisarof*, & *Gregory sileri*, lesquels sentant leur consciences chargées d'un si énorme crime, en furent donner avis au Czar, le jour même qui précéda la nuit, dans laquelle cette tragedie devoit se joüer.

Sa Majesté reçût cette nouvelle le 1. Février 1697. chez Monsieur le Général le *Fort*, où elle dinoit ce jour-là. Elle n'en parut aucunement émuë, mais se leva de table, se fit suivre de peu de personnes, & s'en alla directement à la Maison du Chef des conjurez, qui étoit Conseiller d'état, & se nommoit *Jean Zickler*. Sa Majesté voulut que ceux qui l'accompagnérent, restassent à la porte, & n'entra qu'avec trois Gentils-hommes, dans la maison de ce scelerat; elle fit semblant d'avoir besoin de son conseil, & voulut qu'il l'accompagna; mais dés qu'il fut

sorti

forti de fa maifon, il fut arrêté & conduit en prifon. On s'affura fur le champ de cinq autres Complices. Le Bojar *Alexe Sikovnin*, *Fedor Puskin*, fils du Bojar *Matfé Puskin* : deux Capitaines des *Strelitzes* & un *Cofack* natif du *Don.* Ils confefférent tous leur crime, & furent jugez par tous les *Bojars*, & exécutez le 5. Mars 1697. dans la grande Place devant le Château. On leur coupa premiérement les bras & les jambes, & aprés la tête. Les têtes furent expofées au haut d'une colomne de pierre, qu'on ériga tout exprés. Les bras & les jambes furent mifes fur des perches autour de la colomne : & les troncs des corps, furent jettez & laiffez fur le pavé plus de huiâ jours, jufqu'à ce que la puanteur força de les ôter. Sur la depofition des complices, que le *Bojar Jean Milc-flafky* avoit eu le plus de part au foulevement qui arriva l'an 1682, lors de l'avenement de fa Majefté à la Couronne, on déterra fon cadavre, qu'on trouva peu alteré & prefque encore dans fon entier, quoi quil eut été douze ans fous terre. On ériga plufieurs potences, auxquelles on pendit les parties du cadavre qui fut mis en mille piéces. On voit par cette trahifon, combien il eft dangereux à un Prince de changer la forme ancienne du Gouvernement, puis qu'il s'attire infailliblement la haine du Parti qui fouffre

par

par ce changement; mais il eſt vrai auſſi que ce lui eſt une grande gloire, quand il hazarde ſa vie pour le bien public, comme on peut dire avec vérité du grand Czar *Pierre Alexowitz*, qu'il n'a point eu d'autre vûë en annullant l'uſage des *Strelitzes*, que le repos de ſon Empire, qui étoit toûjours à la veille d'être troublé, par cette Milice arrogante & ſujette à ſe rebeller.

Sa Majeſté pardonna à ceux qui avoient eu moins de part à la Conſpiration, qui arriva peu de jours avant qu'elle partit pour l'Allemagne. Ce Prince avoit déja medité ce Voyage depuis long-tems, & ne l'avoît diferé, que pour attendre le ſuccés de la priſe d'*Aſoph*, prévoyant que ſes armes ſeroient comme en ſuſpens, pendant qu'on executeroit tous les ouvrages projettez.

L'Eſtat préſent de ſon Empire, qui ſe ſoûtient ſi bien par l'aide des Officiers Etrangers, & qui a beſoin de ſe rendre rédoutable par mer, lui fit concevoir, combien il lui ſeroit utile, de ſe faire voir & connoître en pluſieurs Cours de l'Europe, & de ſejourner quelque temps en Hollande. Mais comme il faloit un Cortêge digne d'un ſi grand Prince, ſi ſa Majeſté eut voulu être reconnuë pour *Czar de Moſcovie*, & qu'elle prévoioit que ce rang ſeroit un obſtacle au deſſein qu'elle avoit de voir & pénétrer à loiſir, tout ce qu'elle

dé-

déſiroit ſavoir par elle-même, ſa Majeſté
trouva à propos de ſe couvrir ſous l'apparence d'un Gentilhomme de l'Ambaſſade, qu'elle
réſolut de faire partir avec elle. Elle nomma pour ſes Ambaſſadeurs, Monſeigneur le
Fort, Général des Armées de ſa Majeſté, &
des premiers Régimens de ſes Gardes, Ami-
ral de ſes Armées Navales, & Viceroi de *No-
vogorod* &c. Monſeigneur *Fedor Alexeowitz
Gollawin*, Viceroi de *Siberie*, & Monſeigneur
Procofei Bogdanowitz Wohnitzi, Chancelier de
l'Empire. Sa Majeſté fit connoître par l'honneur qu'elle faiſoit à Monſieur le Général le
Fort, de lui donner le premier rang de cette
Ambaſſade, combien elle eſtime les ſervices
que ce Général lui a rendu, & fait voir à
toute la terre avec éclat, ce qu'un Etranger
peut eſpérer à ſon ſervice, & que de ſimple
Capitaine, on peut monter aux plus hautes
dignitez, ſans que la Religion y puiſſe apporter aucun obſtacle. Le ſecond Ambaſſadeur eſt un Seigneur de beaucoup d'eſprit &
de ſolidité, fort verſé dans les Négotiations,
il a été deux fois Ambaſſadeur Extraordinaire à la *Chine*, & c'eſt lui qui conclut la
paix entre cet Empire & la *Moſcovie*. Le
Czar en fait grande eſtime. Le troiſiéme
Ambaſſadeur a été pluſieurs fois trés-utile-
ment employé par ſa Majeſté, dans les affaires qui regardent la Cour Ottomanne.

P

Le

Le Czar avant fon départ, fe fervit d'un honnête prétexte pour éloigner ceux qu'il foupçonnoit capables de nuire en fon abfence. Il faut favoir que depuis quelques années, fa Majefté a fait voyager à fes dépens, plufieurs perfonnes de toute forte de qualité, aufquelles elle remarquoit du génie, les envoyant en différens endroits du monde, pour y récueillir les Arts & les Sciences, afin qu'étant de retour, ils pûffent être d'autant plus utiles à la Patrie. Ce fut-là le prétexte dont elle fe fervit pour envoyer de toutes parts, ceux qu'elle croyoit capables de mauvais deffeins, ou corruptibles. On en fit fortir une partie avant le départ de fa Majefté, & ceux à qui on fe fioit le moins, reçurent ordre de fuivre l'Ambaffade.

Sa Majefté laiffa le Gouvernement entre les mains des Princes *Loff Kerilwitz Nariskin, Procorofskoi*, & *Boriffe Alexeowitz Gallichin*. Le premier eft Oncle de fa Majefté, & frére de feuë l'Impératrice fa Mere. Il eft premier Miniftre d'Etat. Le fecond eft grand Thréforier, c'eft un Seigneur déja avancé en âge, & fort eftimé pour fa droiture. Et le troifiéme eft Favori de fa Majefté, & Miniftre d'Etat ; il a plufieurs autres Charges qui lui aportent un trés-grand revenu. Il eft neveu de l'infortuné Prince *Waffily Gallichin*, autrefois premier Miniftre d'E-

tat,

tat & préfentement rélegué en *Siberie.* Sa
Majefté leur recommanda particuliérement
fon Fils unique, alors âgé de neuf ans : c'eft
un jeune Prince d'une conftitution vigoureufe, & d'une grande & riche taille, qui a
beaucoup de l'air du vifage de fon Pere, &
qui tient beaucoup de fon naturel. De plus
Mr. le Général *Gordon* reçut ordre de fe camper
avec vingt mille hommes, prés de Mofcou.
Ce Général eft Ecoffois de Nation, & eft
entré au fervice du vivant du Pere de fa Majefté. Il a toûjours donné des preuves d'une
grande valeur & d'une capacité fort étenduë.
Auffi eft-il en finguliére eftime auprés de fa
Majefté, & trés-cheri de la Nation, quoi
que Catholique Romain.

Tout étant ainfi régle, fa Majefté partit *incognito* avec fes Ambaffadeurs, qui
avoient un fort grand train. Ils prirent la
route de *Plefcou*, pafférent fur les Frontiéres
de la *Livonie*, de la *Courlande* & de la *Sa-
mogitie*, & vinrent ainfi à *Coninckxberg*, où
ils furent fplendidement reçus de la part de
fon Alteffe Electorale de *Brandenbourg.* Ce
fut là que fa Majefté reçut un Courier, qui lui
apporta la nouvelle de l'Election de l'Electeur
de *Saxe*, à la Couronne de Pologne, avec avis
que le Cardinal Primat avoit protefté contre
cette Election, prétendant que le Prince de
Conti y avoit plus de droit. Sa Majefté en-

voya incontinent ordre à son Ambassadeur à la Cour de Pologne, d'appuyer les intérêts de l'Electeur de Saxe, & de l'assurer, qu'en cas de besoin, elle avoit soixante mille hommes à son service, & que les ordres étoient déja donnez pour les faire approcher de *Smolensko*, afin de tenir la *Lithuanie* à la devotion de sa Majesté Polonoise. Il ne faut pas douter, que cela n'y ait beaucoup contribué, puis qu'on a vû que quand Monsieur le Prince de Conti parut à *Dansick*, ce Duché, quoi qu'affectionné à son Altesse Sérénissime, n'osa branler.

Aprés que sa Majesté Czarienne eut sejourné quelque temps à *Coninkxberg*, elle prit le chemin de *Berlin*, où elle fut reçûë avec toutes les marques d'estime dûë à un rang aussi élevé que le sien. Il est certain qu'elle est si satisfaite de son Altesse Electorale, qu'elle a déclaré plus d'une fois, que quand le Prince son fils sera en âge de voyager, elle souhaite qu'il fasse un long sejour à la Cour de *Berlin*.

Lors que Nosseigneurs les Etats Généraux, eurent avis que l'Ambassade approchoit de leur Frontiére, ils envoyérent au devant des Députez pour recevoir leurs Excellences de leur part, & donnérent ordre qu'ils fussent par tout défrayez, & splendidement regalez, & qu'on fit la décharge du Ca-

Canon, dans toutes les Villes où cette Ambaſſade paſſeroit, dans le deſſein d'éternſer la mémoire de l'honneur que leurs HAUTES PUISSANCES recevoient d'une ſi auguſte Ambaſſade, ſoûtenuë par la préſence d'un ſi grand Monarque, avec lequel ils avoient une étroite liaiſon d'amitié & de Commerce. Quand ſa Majeſté fut un peu avancée dans le Païs, elle quitta le train de l'Ambaſſade, pour ſe rendre plû-tôt à Amſterdam, voulant ainſi ſe dérober, afin de voir toutes choſes avec plus de liberté. Elle y entra fort ſecrétement, accompagnée ſeulement de deux ou trois Gentilshommes, & déguiſée d'une maniére, que perſonne ne s'en apperçut. Elle ne s'y arrêta qu'une nuit, dans une ſimple Auberge, & ſe rendit dés le lendemain à *Sardam*, gros Bourg, à deux lieuës de cette Ville, du côté du Port, & fort celébre par la grande fabrique de Vaiſſeaux qui s'y fait continuellement.

Sa Majeſté logea chez un ſimple Bourgeois, & fort à l'écart, pour être moins apperçuë. Elle s'attacha particuliérement à examiner de prés, la maniére avec laquelle les Ouvriers ſe prennent pour fabriquer les Vaiſſeaux; Elle acheta une petite Barque couverte, de 25. à 30. pieds de longueur, qu'elle prenoit plaiſir à gouverner elle même, & mettre à la voile avec ſes Gentil-

hom-

hommes, croisant le *Tey*, & se divertissant ainsi, à considérer la grande Forêt, si j'ose ainsi parler, de toute sorte de Vaisseaux, qui sont à la rade d'Amsterdam. Elle n'eut que peu de jours le plaisir de n'être pas connuë. Un Serrurier qui avoit demeuré à Moscou, reconnut sa Majesté le premier. La foule du monde qui acourut pour voir ce Prince, l'ennuya beaucoup, & fut cause qu'il quitta *Sardam*, plû-tôt qu'il n'auroit fait.

Quelques Négotians en Moscovie qui avoient l'honneur de connoistre Sa Majesté, furent d'abord la trouver, & firent tout ce qu'ils purent pour l'attirer en cette Ville. Elle y passa quelques jours avant l'arrivée de l'Ambassade, qui avoit ordre d'y venir, avant que de se presenter à l'audience de NOSSEIGNEURS LES ETATS. Cependant le Magistrat de cette Ville mit ordre à tout ce qui pouvoit contribuer à rendre l'Entrée magnifique, on planta beaucoup de Canon sur les Bastions, qui regardent la Riviére de l'*Amstel*, par où l'Ambassade devoit arriver. Toute la jeunesse parut à Cheval, les plus qualifiez de la Ville furent au devant avec un grand nombre de Carosses, le Magistrat deputa quelques uns d'entre eux, pour aller recevoir leurs Excellences, qui aborderent à un quart de lieuë de la Ville,

Ville, avec plusieurs barques de l'Etat, on salua leur arrivée de la decharge de tout le Canon. Les trois Ambassadeurs montérent dans le Carosse d'un Magistrat de la Ville; Messieurs les Deputez montérent dans le second, & un nombre de Carosses qui suivoient, furent occupez par la Noblesse de la suite; il y en a qui veulent que Sa Majesté fut du nombre. On fit avancer nos Cavaliers pour faire le front de la marche, aprés eux furent placez les Trompettes de l'Etat, derriere lesquels marchoient quelques Tartares armez de fléches, & des Moscovites à cheval, qui furent suivis d'une vingtaine de Pages de leurs Excellences, qui étoient à pied, & couverts fort richement, leurs juste-au-corps étoient de drap rouge, tout chamarés de gros galons d'argent. Tout ceci précedoit le Carosse où étoient les Ambassadeurs, escortez de chaque côté par douze Gardes à pied. C'étoient tous de grands hommes robustes & bien taillez, habillez en Sclavons, avec des haches d'argent à la main, & de grands sabres au côté, garnis d'argent. Ils avoient des manteaux & des casaques de drap rouge, chargez des deux côtez, de grandes boutonnieres, garnies de placques d'argent. Tout cela étoit veritablement auguste & magnifique. Aprés eux, venoient un grand nombre de valets de pié, aussi ha-

P 4

billez

billez de drap rouge, chamaré de galon d'argent. Monsieur le Général le Fort étoit vêtu à la Françoise, & les deux autres Ambassadeurs, à la manière de leur Païs, & fort richement. Cette marche se fit en bel ordre, & passa en prenant quelque détour, par les beaux endroits de la Ville, jusqu'à l'Hôtel qu'on avoit preparé pour le logement des Ambassadeurs, & qui étoit gardé par une Compagnie de la Milice de la Ville : toutes les rues étoient remplies de monde, qui étoit accouru en foule pour voir cette entrée, plusieurs jours se passerent en festins & rejouissances ; & quoi que cela coûtât beaucoup à la Ville, elle voulut néanmoins pour marquer jusqu'où s'étendoit son estime & respect pour Sa Majesté, faire encore les frais d'un grand feu d'artifice, qui representoit un arc de triomphe, à l'honneur de ce Prince. On le fit ériger sur l'*Amstel,* dans un lieu qu'on decouvroit de plusieurs endroits de la Ville, il avoit beaucoup de hauteur, & quatre faces égales, l'Architecture étoit de l'ordre Corinthien. On y voyoit les Armes de Sa Majesté, & plusieurs autres ornements, des Tritons, des Vases, &c. Le tout étoit sur des bateaux joints ensemble, & couverts d'une toile peinte, de sorte que le fond, sur lequel reposoit cet édifice, representoit une Isle. Comme cet appareil ne pou-

pouvoit être vû de l'Hôtel où leurs Excellences étoient logées, Messieurs de la Re-
gence les prierent de passer à l'Hôtel du
Doele, d'où la vuë découvrit de prés ce
Spectacle. On y reçût leurs Excellences a-
vec un regal magnifique. Sa Majesté eut
la bonté de vouloir bien être du festin ; &
ce fut la premiere fois qu'on eut la satisfaction de la voir à loisir. C'est un Prince d'une
fort grande taille, puissant, robuste, beau de visage ; & quoi qu'il aît l'œil vif, noir, & perçant,
quand il parle avec action ; il a pourtant la
Physionomie trés douce. Il est trés-affable,
& souhaite même qu'on l'entretienne de tout
ce qui est curieux. Quand la nuit fut ve-
nuë, on fit joüer les machines. Le feu fut
foit beau, & trés bien executé. Sa Majesté le loüa, & témoigna être trés satisfaite de toutes les caresses qu'on lui faisoit.
La foule du Peuple fut si grande à cette
réjoüissance, qu'il y eut quelques garde-foux
de fer de rompus, d'un Pont qui est sur
l'*Amstel* ; ce qui pensa faire perir bien du
monde, & même il y eut quelques personnes de noïez.

A tous ces plaisirs, Messieurs les Deputez à l'Admirauté de cette Ville, joigni-
rent leur soins pour faire voir à sa Majesté,
les Magasins qui sont destinez pour la fabrique, & pour l'Equipement des vaisseaux

P 5

de

de guerre. Je say de bonne part, que leurs Seigneuries furent fort surprifes, de voir avec combien d'exactitude, ce Prince s'informoit de tout, & de l'entendre raifonner avec tant de folidité & de juftesse, fur une matiére de laquelle elles le croïoient moins inftruit. Peu de jours aprés, fa Majefté fit un tour à Utrecht, pour s'aboucher avec le Róy d'Angleterre. Ce fut la premiére entrevuë de ces deux Princes fi diftinguez par leur vertu, & par leur bravoure. Ils ne furent que peu d'heures enfemble; mais ce fut avec des marques mutuelles d'une trés haute eftime.

Les Ambaffadeurs fejournerent, prés de deux mois en cette Ville, avant qu'ils partiffent pour la Haïe. Sa Majefté voulut qu'ils y paruffent avec toute la Magnificence poffible. On augmenta même le nombre des Domeftiques, qu'on habilla tous de neuf & richement, on fit faire trois Caroffes auffi magnifiques qu'on les put imaginer, & on y joignit un fort bel attelage de chevaux. Enfin quand tout fut en état de paroiftre, leurs Excellences partirent pour la Haïe, & firent porter aprés eux, plufieurs gros balots de Martes Zibelines, & autres fourures trés-rarés, pour être prefentées à leurs HAUTES PUISSANCES de la part de fa Majefté Czarienne, fuivant la coûtûme des Orientaux. Leur Excellences furent reçuës avec beaucoup d'hon-

d'honneur & de respect , & quand le jour
de l'Audience fut reglé, sa Majesté les suivit
deguisé en Habit de Cavalier , ayant un
juste-au-corps bleu, une grande Peruque blon-
de, & un plumet blanc. Elle demanda que
Monsieur *Witsen*, dont elle connoit parfaitement le merite, & pour qui elle a une af-
fection particuliére, lui prêtat son Carosse &
l'accompagnat dans ce voiage. Ce célébre Magistrat, aujourd'hui Bourguemaître regnant,
conduisit si heureusement sa Majesté, que
Personne n'en eut connoissance. C'étoit
au mois de Septembre de l'année derniè-
re, dans le tems qu'il y avoit un grand nombre d'Ambassadeurs de toutes les Cours de
l'Europe, pour la Négotiation de la Paix de
Ryswyck. La curiosité tenoit les yeux de
chacun fixez sur cette Audience , & c'estoit
une chose difficile de surpasser l'éclat & la
grandeur du train des Ambassadeurs des
autres Puissances. Cependant sa Majesté Czarienne , qui dans les occasions s'est mon-
trée fort jalouse de sa gloire & de son rang,
pretendant le titre & portant les armes d'Empereur, voulut que cette Ceremonie en por-
tât entiérement les marques. Tout le monde a rendu témoignage, que l'éfet a pleine-
ment répondu à l'attente de sa Majesté, rien
n'ayant manqué à l'ordre , ni à l'éclat de la
pompe, qu'on vit paroitre accompagnée d'u-

P 6

ne

ne Majeſtueuſe gravité, digne de la grandeur d'un Monarque, élevé au rang le plus éminent. On na jamais vû aucune perſonne de ce rang plus Magnifique en habits, que le parut ce jour-là, Monſieur le General le *Fort*. Il étoit vétu d'une robe à la Moſcovite, de drap d'or, doublée de Martes Zibelines, les plus belles & les plus rares qui ſe puiſſent voir. Cette robe, de même que ſa veſte, étoit enrichie de Diamants, & ſur le devant de ſon bonnet, on voïoit briller en forme d'aigrette, un Bouquet de Diamant. Ce fut en Langue Ruſſienne qu'il harangua leurs HAUTES PUISSANCES, d'un air qui ſoûtenoit parfaitement bien ſon Caractére. Les deux autres Ambaſſadeurs, qui étoient auſſi proprement & richement vêtus, firent de même chacun leur compliment, avec un air noble, accompagné de beaucoup de gravité : & ce qu'il y eut de plus auguſte à cette Audience, c'eſt qu'elle fut ornée de la préſence de tous les Ambaſſadeurs des Princes de l'Europe : & ſa Majeſté Czarienne eut la ſatisfaction de voir tout ce qui ce paſſoit, d'un Cabinet qui a vuë ſur la ſale. Perſonne ne s'en apperçut, & ce Prince s'étant retiré ſecrettement, revint dés le lendemain à Amſterdam, trés-ſatisfait de ſon Voïage. Leurs excellences ne ſejournerent pas auſſi long-temps à la Haïe, ils n'avoient rien de

nou-

nouveau à regler avec l'Etat, & ne demandérent que la confirmation des anciens Traitez.

Il est certain que le principal but de cette
Ambassade, étoit de couvrir le voyage du
Czar, qui dans cette entreprise n'avoit point
d'autre vûë, que celle de pouvoir sejourner
quelque temps à Amsterdam, pour y prendre une parfaite connoissance de tout ce qui
regarde les armémens de mer, pour y faire
en même temps des levées, & pour se fournir de toutes les choses nécessaires au grand
dessein qu'il a conçû. C'est ce que sa Majesté fit paroître évidemment à son retour de
la Haye, car elle demanda d'abord au Magistrat pour elle & pour quelques-uns de sa suite,
un logement particulier, qu'elle choisit à l'ex-
trêmité de la Ville. A l'égard du logis, il
étoit trés-peu considérable; mais la situation
en étoit trés-propre pour le dessein de sa
Majesté. Il touchoit aux Magasins de la
Maison des grandes Indes, qui joint une petite Rade; il avoit du côté de la Mer, une
vûë admirable sur tout ce qui entre à Amsterdam, ou qui en sort. Dés que sa Majesté eut pris possession de ce petit logement,
elle s'appliqua sérieusement à deux choses.
La premiére fut la fabrique des Vaisseaux,
dont elle voulut aquérir une connoissance
parfaite, & la seconde, la maniére de bom-
bar-

barder les Places sur Mer, qu'elle voulut aussi savoir à fond. Comme elle fait dessiner, & qu'elle a de plus la connoissance des Mathématiques, & particuliérement des Méchaniques, il ne lui falut pas beaucoup de temps pour se perfectionner dans ces deux choses. Ce Prince ne se contentoit pas de voir, il prenoit aussi quelquefois le plaisir de mettre la main à l'ouvrage, & à construire lui même une piéce de charpente. C'étoit avec beaucoup d'adresse qu'on lui voyoit manier la hache & le marteau. Pour moi j'ai vû deux ouvrages de sa main fort polis, l'un est une petite Frégate de trois à quatre pieds de longueur, & l'autre un Moulin à vent. Qui doute après cela que la conduite de ce Prince ne renferme une trés-fine Politique? La grandeur & la gloire de sa Monarchie, n'est-elle pas le motif qui le fait agir en cette occasion? & travailler à l'établissement de la Navigation avec autant d'ardeur qu'il le fait, n'est-ce pas vouloir faire comprendre à sa Noblesse & à ses Peuples, qu'il leur est de la derniére importance? & que s'il s'est comme dépouillé de sa Majesté en travaillant lui même à la construction des Vaisseaux, ce n'a été que pour les inviter à suivre son exemple, dans un si grand dessein? Les Moscovites ont naturellement beaucoup de fierté & de paresse, de sorte

que

que pour les tirer de la molleſſe, où ces deux
vices les plongeoient, il étoit comme néceſ-
ſaire que le Prince les animât au travail, par
une application auſſi extraordinaire, que celle qu'il a fait paroître publiquement. Aux
heures de relâche, ſa Majeſté ſe faiſoit un
ſingulier plaiſir, d'aller voir ce qu'il y a de
plus curieux chez les particuliers, avec leſquels elle prenoit occaſion de ſe familiariſer,
ce qu'elle faiſoit avec tant de bonté & de
douceur, que la Nation Hollandoiſe en fut
charmée. Vous ne ſçauriez croire, Monſieur, combien cette debonnaireté a atti-
ré de monde à ſon ſervice, le nombre en a
été ſi grand, que de ma connoiſſance, pluſieurs honnêtes gens n'ont pû entrer à ſon
ſervice, les levées qu'elle avoit réſoluë de faire,
ayant été complétes en fort peu de temps.

Lors que les Ambaſſadeurs furent de retour de la Haye, ſa Majeſté reçût la nouvelle d'un Combat donné proche d'*Aſoph*,
entre ſon Armée, commandée par le Prince
Schein, & les Tartares. Le *Kham* de la Crimée, fit au commencement du Printemps,
paſſer ſourdement par le Détroit de *Caffa*,
un grand nombre de Troupes de la *Crimée*
pour les joindre aux Tartares de la *Circaſſie*,
& principalement à ceux de la Riviére de
Cubance. Son deſſein étoit de ſurprendre
l'Armée des Moſcovites, qui pour mieux

cou-

couvrir les Travaux des nouvelles Fortifications ; étoit feparée & occupoit diférens
quartiers. Pour cet éfet, les Tartares commandez par le Sultan *Galga*, marchoient à
grandes journées, lors que le Prince *Schein*
en eut avis. Il réjoignit fes Troupes & ayant
eu le temps de les ranger en bataille, il attendit de pié ferme les Ennemis, qui fe
voyant fupérieurs en nombre, oferent attaquer l'Armée Mofcovite, qui fe tint d'abord
fur la défenfive, & feignant de craindre les
Turcs ; attendit qu'ils euffent jetté tout
leur feu ; Mais quand le Général des
Mofcovites vit que la premiére ardeur des
Ennemis fe ralentiffoit, il fit avancer fes
Troupes & les chargea avec tant de vigueur,
qu'ils furent enfin forcez de prendre la fuite,
aprés avoir laiffé un nombre confidérable des
leurs fur la place. Dans la pourfuite une
grande partie fe noya dans la Riviére de
Kagalinck, qui coule dans la *Cireuffie*, à
deux lieuës d'*Afoph*. Nos Cartes la placent
au Nord, au de-là du *Don*, & à plus de trente
lieuës d'*Afoph*.

Leurs Excellences celébrérent cette Victoire par des réjouïffances publiques, & firent un Feftin magnifique. Sa Majefté l'ho-
nora de fa préfence. Tout le Magiftrat &
les plus Illuftres de la Ville, y furent conviez. Il y eut Bal, Mufique, Feu d'artifice,

ce, & tout ce qui peut contribuer à rendre
la joïe parfaite. On n'a jamais vû sa Majesté d'une humeur plus enjoüée. Elle témoigna tant de bonté & de bienveillance à
tous les conviez, qu'ils ne sauroient perdre la mémoire d'une si grande faveur.

Sur la fin de l'Autonne, sa Majesté reçut la nouvelle d'un second avantage rem-
porté au *Boristhéne.* Les Tartares de la
Crimée, du *Budziac*, & d'*Oczakow*, ayant
mis le Siége devant *Kasikermeen*, ils firent
leurs approches jusques à la muraille qu'ils
sapérent, & attaquérent aussi en même temps
l'Isle de *Towan*; mais l'Armée des Moscovites, jointe à celle des Cosaques, arrivérent au
secours assez à temps. Les Tartares furent contraints de lever le Siége & furent chassez hon-
teusement & avec perte, de l'Isle. Sa
Majesté a néanmoins trouvé à propos de
mieux fortifier cette Isle, & d'y faire une
Forteresse réguliére. Elle reçût avis par
le même Courier, que le Port qu'on a formé à sept lieuës d'*Asoph*, étoit achevé, qu'il
y avoit déja plus de dix mille Habitans
dans la Ville, tous Moscovites, sa Majesté n'y voulant point d'autres Nations.
Elle a nommé cette Ville *Petruchina Tu-
ba.* Quelque temps aprés cette nouvelle, sa Majesté eut avis que plusieurs Tartares de la Circassie, s'étoient soûmis volon-
taï-

tairement fous fon obéïffance, & depuis, qu'on avoit pouffé la Conquête le long de la Côte de la Crimée jufqu'à la Riviére de *Mious*, où l'on bâtiffoit actuellement un Fort à l'embouchure de cette Riviére, pour être Maitre de cette Rade.

Le Czar fouhaitant paffer en Angleterre avant que de s'en retourner dans fon Païs, le fit favoir à fa Majefté Britannique, qui fit auffi-tôt expédier quelques fregattes qui vinrent prendre fa Majefté Czarienne en Hollande. La fuite de ce Prince ne fut que de 12. a 15. perfonnes. Cependant leurs Excellences refterent à Amfterdam, fort occupez a faire des levées d'hommes, & à acheter de l'Artillerie & autres Munitions de guerre. Sa Majefté paffa trés heureufement en Angleterre, & y fut recuë avec beaucoup d'Honneur. Le Roy d'Angleterre lui avoit fait preparer le Palais de la feüe Reine mere qui regarde fur la Riviére, & voulut lui donner une Compagnie pour lui fervir de Garde; mais comme elle demeura toûjours dans la refolution de ne paroître que comme une perfonne privée, elle ne voulut pas les accepter. Aprés avoir reçu les Compliments de S. M. B. & de la Maifon Roïale & fait reciproquement les fiens, vû l'affemblée du Parlement, & ce qu'il y a de curieux à la Cour, elle demanda un logement plus retiré hors

de

de la Ville, proche la fabrique des vaiſſeaux. Elle ſéjourna en Angleterre plus de
deux mois, voiant tout ce qu'il y a de curieux chez les ſavants, & les habiles ouvriers. Les Marchans de Londres ayant
fait propoſer à ſa Majeſté Czarienne, l'éta-
bliſſement d'un nouveau commerce, pour
avoir eux ſeuls le debit du tabac dans les
terres de ſa Domination, elle fit venir ſon
ſecond Ambaſſadeur *Fedor Alexeowitz Gollawin*, pour traiter avec eux. La Nego-
tiation réüſſit, & on dit qu'elle en tirera
plus d'un Million de revenus. Ce qu'il y
eut de plus ſingulier dans ce Voïage, &
qui fait toûjours voir le principal deſſein de
ce Prince, c'eſt le Voyage qu'il fit à Ports-
mouth, pour y voir un combat naval, qui
ſe fit, ainſi qu'il avoit deſiré, entre deux
Eſcadres Angloiſes. J'ay oublié, Monſieur, de
vous dire qu'on lui donna un ſemblable divertiſſement ſur nôtre bras de Mer, aux environs de la Ville. On fit pluſieurs Evo-
lutions avec un grand nombre de *Jachts*, pour
lui faire voir la maniére de ranger les Vaiſſeaux ſur differentes lignes, tant pour s'enga-
ger au Combat, que pour s'en retirer.

Enfin ſa Majeſté ayant reçû, pour preſent
du Roi d'Angleterre, une Fregatte magnifiquement dorée, portant 30. piéces de Canon & allant autant bien à la voile qu'il ſe

peut, repaſſa la Mer ſans craindre la mauvaiſe ſaiſon, & envoya la Fregatte à Archangel. Lors que leurs Excellences eurent leur Audience de congé à la Haïe, le Magiſtrat de cette Ville ſachant que ſa Majeſté étoit dans le deſſein de partir inceſſament pour Vienne, voulut ſe preparer à ſignaler ce départ par de nouvelles réjouïſſances, mais elle le pria de n'en rien faire & partit ſans bruit, fort ſatisfaite de toutes les marques d'eſtime & d'Amitié qu'elle avoit reçûë de l'Etat, & particuliérement, du Magiſtrat & de la Bourgoiſie d'Amſterdam. Ce Prince y a ſejourné environ ſix mois. Il étoit ſur ſon départ, lors qu'il reçût avis d'une émute arrivée aux environs de Moſcou & cauſée par une bande de *Strelitzes*, mais elle n'eut pas de ſuitte ; le Genéral Gordon ayant d'abord diſſipé ces Troupes mutinées, & arrété les principaux complices qui n'ont fait que hâter la ruïne entiére de leur parti, & ſe ſont attirez le ſuplice que leur perfidie avoit merité. On en a pendu un grand nombre, & pluſieurs Nobles ont eu la tête tranchée. Juſques-là, tout avoit été tranquille pendant l'abſence de ſa Majeſté.

Vous ſavez, Monſieur, mieux que moi ce qui s'eſt paſſé à la Cour de l'Empereur, lors que ce grand Prince y arriva, les Honneurs qu'on lui a rendus, avec combien de grandeur & d'éclat ſon Ambaſſa-

de

de y a paru, & la raison du prompt depart de
sa Majesté. Vous n'ignorez pas non plus que
l'Ambassadeur *Procose Bogdanowitz Wolni-*
zin, est resté seul à Vienne comme Plenipo-
tentiaire de sa Majesté, pour assister aux Confe-
rences qui se doivent tenir pour la Paix entre les
Princes Confederez & l'Empereur Ottoman,
sur les Confins de Hongrie. Sa Majesté
prit la route de Pologne pour retourner dans
son Empire, elle s'aboucha prés de *Lemberge*
avec le Roy de ce nom, qu'elle trouva dans
une entiére resolution de continuer la guerre
contre les Infidéles, à moins que d'obtenir
des conditions trés favorables, & la redition
de Caminiec. Quoi qu'il en soit, il est con-
stant, à examiner tout ce que j'ai eu l'honneur de vous dire, que quand même sa Majesté Czarienne resteroit seule à soutenir une
guerre contre les Turcs, elle est en état de
le pouvoir faire. Elle n'a qu'à se tenir sur la
defensive du côté de la terre, où elle est pré-
sentement trés bien fortifiée, & faire ses
grands efforts sur Mer. Il est fort probable
que c'est-là effectivement le dessein de ce
Prince, & il prend si bien ses mesures, qu'il
a lieu d'esperer qu'il triomphera toûjours des
Infidelles, qui n'ont jamais rien fait de glo-
rieux sur Mer, & qui suivant les appparen-
ces, s'y doivent encore moins signaler dans

la

la decadence où l'on voit aujourd'hui leur Empire.

Je vous laisse à penser, Monsieur, quel terrible ébranlement soufrira cette Monarchie, déja sur le penchant de sa ruïne, si jamais les Moscovites deviennent superieurs dans la Mer Noire, & en chassent les Turcs: à quoi ne sera point exposée toute cette grande étenduë de Côtes, depuis le Détroit de *Caffa* jusques au *Boristhéne?* Constantinople même pourra-t-il être à couvert des insultes & de la desolation d'un bombardement? que deviendra la Crimée, déja serrée de si prés & de toutes parts du côté de la terre, par un grand nombre de bonnes Forteresses? si son commerce, de même que celui de la Peninsule avec Constantinople, se trouve un jour coupé, ne faudra-t-il pas de necessité, qu'elle tombe sous la domination des Moscovites? Outre que de la maniere qu'on fait aujourd'hui la Guerre, elle n'a que *Perecop* & *Caffa*, qui puissent faire quelque foible resistance.

Enfin, Monsieur, pour ne vous pas ennuyer par une trop longue lettre, ajoûtons seulement que les Turcs sont bien peu habiles, de n'avoir pas apporté toutes les precautions necessaires pour se conserver Asoph & de permettre qu'une puissance aussi formidable qu'est aujourd'hui celle des Mos-

co-

covites, se fit par cette porte, une entrée dans une Mer proprement du domaine de l'Empire Ottoman. Aprés une si grande bevûë, le meilleur reméde qu'ils y puissent probablement apporter, est de conclure une paix solide avec les Moscovites, afin de les endormir, & d'arreter cette premiere ardeur, qui les porte à se rendre redoutable sur mer. Par ce moyen la Porte pouroit encore profiter du Commerce avec la Moscovie, en établissant un droit pour le passage par le canal de Constantinople, de même que le Roi de Danemarc en a établi un au Sond, pour l'entrée & la sortie de la Mer Baltique.

C'est de cette maniere qu'ils tireroient de l'avantage d'un malheur, auquel je ne vois point d'autre remede, étant certain, que la resolution du grand Czar *Pierre Alexeowitz,* est de ne mettre jamais bas les Armes, qu'à condition d'avoir ce passage libre pour la Navigation de ses Peuples, vers tous les endroits du Monde, & pour l'abord des Etrangers dans ses Ports du *Palus Meotide.*

Voilà, Monsieur, l'Etat auquel la Moscovie, autrefois si barbare, aspire aujourd'hui. Si Dieu donne une longue vie à son Monarque, qui na que 28 ans, de l'humeur dont il est, vigilant, infatigable, & charmé du Commerce, quelle suite ne doit-on pas attendre du negoce qu'il aura établi sur cette route. Le *Wol-*

ga eft navigable à plus de cinq cent lieuës de diftance, depuis fes differentes fources, qui font
dans le cœur de l'Empire, jufques au Canal de
communication avec le *Don*.   Ce dernier
Fleuve a près de 400. lieuës de longueur jufques à *Afoph*, & fur la feule ligne, depuis
le Canal de communication, jufques à cette
même Ville, il y a plus de 200. lieuës.
Tous les Rivages de ces Riviéres font fer-
tiles; & les Terres proche d'*Afoph* & d'*Aftra-
can*, font fituées dans le plus beau climat
du Monde.   Le *Wolga* étant déja beaucoup
peuplé à l'Occident, qui peut douter que
l'opulence portée par le Commerce aux lieux
peu habitez,   n'invite les Tartäres Vaga-
bonds qui font fur les Confins, à entrer in-
fenfiblement dans ce même Commerce, lors
qu'ils verront les commoditez qu'un peu de
travail & d'application apporte à la vie ?
N'eft-ce pas ce qu'ont fait de nos jours, les
Tartares de *Niouche*, dont la plû-part ont
quitté la vie vagabonde, pour fuivre la fortune de leur Prince, dans la Conquête de
l'Empire de la Chine, & tant d'autres Tartares de toutes fortes, qui aprés avoir aban-
donné cette vie oifive, font devenus riches
marchands dans la Crimée, au Royaume d'*Af-
traian*, dans la Siberie, dans la Daurie, &
ailleurs.   Il ne faut que voir le changement
arrivé au Païs fitué entre Archangel & Mofcou,

cou, depuis qu'on s'eſt ſervi de ce port. Il
n'y a gueres plus d'un ſiecle que cette route
étoit entiérement déſerte, le païs eſt marécageux & ſous un climat glacé, cependant il eſt
aujourd'hui trés peuplé & rempli de bon
Bourgs & de gros Villages, & les premiéres
Villes des Provinces les plus Meridionales,
comme *Wologda*, *Jereſlauw*, *Roſtoc*, *Pereſ-
lauw*, ſont devenues des Places fort riches &
fort marchandes. Si nous ajoûtons à tous
ces avantages, le commerce que la Navigation
des Moſcovites peut établir ſur la mer Caſpienne, avec la Perſe & le Mogol, & le tranſ-
port qu'elle poura faire par le nouveau Canal
entre le *Wolga* & le *Don*, de leurs denrées en
Europe : Quelles richeſſes immenſes ne
verra-t-on pas couler de tous côtez dans
l'Empire des Moſcovites ? qui étant déja le
plus conſidérable en étenduë, & dans une
trés-belle ſituation pour le Négoce, & pour
la défenſe, pourra auſſi facilement ſe con-
vertir en la plus puiſſante, & la plus redoutable Monarchie du Monde. Je ſuis, &c.

A Amſterdam, le 30 Octobre 1698.

FIN.

R

Le 2.e noembr: 1678

27. Agaric.
223. Cadaure conservé en son entier, pendant 12 ans soûs la terre.